重建本体论

庄泽伟 著

知识产权出版社
全国百佳图书出版单位

图书在版编目（CIP）数据

重建本体论/庄泽伟著．—北京：知识产权出版社，2016.8
ISBN 978-7-5130-4390-8

Ⅰ．①重… Ⅱ．①庄… Ⅲ．①本体论—研究 Ⅳ．①B016

中国版本图书馆 CIP 数据核字（2016）第 195263 号

责任编辑：高 超　　　　　　责任校对：谷 洋
装帧设计：唐人佳悦　　　　　责任出版：刘译文

重建本体论

庄泽伟 著

出版发行：知识产权出版社 有限责任公司　　网　址：http://www.ipph.cn
社　　址：北京市海淀区西外太平庄 55 号　　邮　编：100081
责编电话：010-82000860 转 8383　　　　　　责编邮箱：morninghere@126.com
发行电话：010-82000860 转 8101/8102　　　发行传真：010-82000893/82005070/82000270
印　　刷：北京科信印刷有限公司　　　　　　经　销：各大网上书店、新华书店及相关专业书店
开　　本：787mm×1092mm 1/32　　　　　　印　张：7
版　　次：2016 年 8 月第 1 版　　　　　　　印　次：2016 年 8 月第 1 次印刷
字　　数：172 千字　　　　　　　　　　　　定　价：48.00 元
ISBN 978-7-5130-4390-8

庄泽伟，男，江苏常州人，生于 1958 年 1 月，在常州市文化馆工作，常自诩为平民思想者，对哲学有特殊的爱好。

2001 年写作出版了《红楼梦》评论集《红楼新论》一书，对红学研究提出了与众不同的观点，认为《红楼梦》的创作方法是浪漫主义而非现实主义；《红楼梦》具有人文主义的主题思想；研究《红楼梦》必须从读懂、读通贾宝玉这个人物形象入手，读不懂贾宝玉，就一定读不懂《红楼梦》；红学研究近两百年，事实上还处于瞎子摸象找不到北的状态，乱说《红楼梦》成为一种时尚。

2007 年，理论学术论文集《老子今解》一书出版。全书分为三个部分，第一部分是对《老子》（又叫《道德经》）81 章的归类梳理和评点；第二部分是哲学三论，即"存在论""认识论""人性论"；第三部分是对现代宇宙论的批判。而《重建本体论》一书则是对《老子今解》中存在论的深化、修正和完善。当然，其中好多观点已经发生了根本性的变化。但是，把宇宙本体分为绝对存在、相对存在、自主存在这三种存在性状来认识把握的基本观点是没有变化的。

作者对人文主义情有独钟，把自己的哲学观定性为人文主义哲学观。人文主义和哲学观的关系可以理解为信仰和理性的关系。人文主义表达的是信仰，哲学体现的是理性思辨，信仰与理性要相应相称，互相促进，相并发展。

信仰与理性——我的哲学观

一、我信仰人文主义

世界因人类而有意义，人类因人文主义而灵魂具足。

一个有哲学思想的人，必定有自己的信仰，而且这个信仰一定决定了他的哲学思想的立足点。我的信仰无关乎宗教，不入宗教是我坚定的人生选择之一。当然，我不排斥在宗教思想中吸取有益于社会人生的精神文化成果，我是真心把佛学当作良师益友的，但是不接受佛教否定现实的人生价值的观念。对于上帝，我不信，别人愿意信，我不干涉。

我信仰人文主义。人文主义是十三四世纪欧洲文艺复兴时期产生的，以人性新觉醒为核心内容的思想文化思潮。它是人类社会在精神上摆脱上帝的控制、争得自身心灵自由的精神文化成果，是人类第一次自觉地意识到自身至高无上的存在价值和自由自主的生存境界。从此，人类社会的历史发展翻开了全新的篇章。人文主义的核心价值观是：认定人类是世界万物中的最高存在，是人类所能认知的自然界演化过程的最高境界；人及人类的生存与发展的权益是对世界万物进行价值判断的基础和前提；在人及人类之上和之外没有更高的目的和价值。人文主义的理想境界是追求和实现人类社会和人生境界的"真、善、美"，这是人类不变的永恒的追求目标。"真、善、美"作为人文主义最高的理想境界，召唤人们积极对待人生，努力为实现种种美好的事物和理想而奋斗；引导人们全面发展自身的个性、素养、能力，克服自身的人性弱点，修正自身的人性缺陷，从而使人无愧于世界万物中最高存在的崇高地位。"真、善、美"还是人文主义对世界万事万物进行价值评判的最高准则。追求"真、善、美"的境界更是人文主义者最基本的人生态度。科学、理性、实事求是就是"真"，诚恳待人、慈悲为怀、与人为善、有益无害就是"善"，和谐共生、多姿多彩、自由超越就是"美"。"真、善、美"三者有机统一、三位一体。"真"为基础，"善"为核心，"美"为理想。

人文主义不仅给人以美好的理想，更给人的合法权利以实在、现实的关注和保障，并且把广博、深切、慈悲的人性关怀和保障落实到每一个个体的人身上。在人文主义者的眼中，国家元首与平头百姓的基本权利都是一样的、平等的。也就是说，每一个平民百姓的生命及基本人权都具有至高无上的价值。人文主义绝不轻言牺牲个人的合法权利，对于当权者以大公无私的伪道德说教来剥夺平民百姓个人的合法权利尤其深恶痛绝。因此，倡导人权、保障人权就成为人文主义核心价值观的基础和前提。离开了人权的确认和保障这个基础和前提，人文主义的整个思想理论大厦将没有立足之地，而离开了对每一个个体的人的合法权利的实现和保障，人权也就变成了一句空话。生存权不是人权保障所要追求的目标，而是人权保障的前提和基础。在生存权都成为问题的社会状态中，人权是无从谈起的；反之，连人的生存权都无法保证的社会，是没有任何理由可以存在下去的。人的生存权是天然权利，是无条件地合法的，当人的生存权受到威胁的时候，人求生的任何行为就都天然地合法了。

人类的根本标志和本质特征是文化，文化的核心内容是理性理念，理性理念的集中体现和最高表达就是种种的思想理论体系。在人类文化发展史上，出现过种种的宗教流派、哲学思想、社会学说，这些精神成果曾经成为各个时代人们的人生奋斗和社会实践的追求目标、价值评判标准或行动指导。但是，无论哪一种宗教流派、哲学思想、社会学说，都有着自身所固有的缺陷和历史局限性，而自从出现了人文主义，她就超越了所有宗教、哲学和社会学说的缺陷和历史局限性。

人文主义是人类文化发展史上最高的文化成果大全。人文主义作为一个以全部人类优秀文化成果为内容的思想体系，既崇高又实在；既伟大又平凡；既完美具足，又具有最活跃的开放性和无限的发展更新能力；既能激发人的无限激情，又要求人们保持科学、理性、实事求是的态度。总之，我们在人文主义中所感受到的，都是人文主义对人及人类的肯定、赞美、呵护、期待；即使有对人性恶的激烈批判，也总是善意的。只有当人文主义思想产生后，人类才真正意识到自身作为宇宙中最高存在的地位和价值，才知道自己应该向着自主自由地生存发展的理想境界奋斗。人文主义天然地包容了人类全部的优秀文化成果，并天然地能够吸纳、消化、发扬人类社会一切优秀、先进的创新成果和崭新的发展成果。人文主义是人类社会和文化发展中"真、善、美"的集大成者。无论是全人类还是不同的国家、不同的民族、不同的社会阶层或团体，直到每一个人，都在人文主义的关注关怀之中。人文主义具有全人类性而不显示任何地域、国家、民族、党派或个人利益的狭隘色彩，是全人类共同的精神文化财富。人文主义是在人类文化发展的历史过程中产生的，但她绝不是一个历史阶段性的存在物。都说人文主义只是资产阶级的思想武器，也只是欧洲人的文明产物，而我却认为，人文主义是世界的，人文主义属于全人类，是人文主义使人类社会的发展开始了历史文明的新纪元。人文主义一经产生，就将一直成为人类社会发展的指南和价值评判标准。人文主义永远不会过时，人类现在需要人文主义，人类将来仍然需要人文主义，人类永远需要人文主义。

二、我的哲学观——人文主义哲学观

所谓人文主义哲学观，就是立足于人、立足于人类社会来认识世界、看待世界。我把宇宙本体分为绝对存在领域、相对存在领域、自主存在领域，就完全是从人的认识能力，也可以说是从人的认识局限性来看待世界的，这是我的理性思辨的基本立足点。可以这样讲，我的信仰决定了我的理性思辨的基本性质，而我的理性思辨反过来又更坚定了我的信仰。信仰与理性相应相称、相得益彰。关于人自身的领域，就是自主存在领域；关于人类周围的世界，就是相对存在领域；未知世界就包含在绝对存在领域中。根据我们的经验而不是先天知识，我们认为人类以及人类所生存其中的现实的、已知的世界包容于未知世界之中。从人文主义的观点看待世界，人类、已知世界、未知世界三位一体就是宇宙本体。因为宇宙本体是无限的，因此人类及作为人类存身的现实世界背景的未知世界也是无限的。这是我关于重建本体论构想的基本观点，这个基本观点就决定了我关于重建本体论的哲学思辨的逻辑轨迹。

我认为哲学本体论是应该有认知世界的功能的，哲学本体论对世界的认知成果是要回过来指导人们的社会实践和人生奋斗的，因此，哲学本体论所关注的对象不能脱离和背弃现实世界和现实人生。从个人或人类的立足点看待世界，会受到人自身所具有的局限性的限制。人是有限的，宇宙本体是无限的，人不可能穷尽宇宙本体的知识，因此，我们不追求绝对真理、不追求终极真理。我们肯定现实的科学真理的确实有效性，并且肯定科学真理具有无限发展的可能性。哲学不以发现具体的科学真理为己任，但哲学不能脱离科学真理而自说自话地对世界做出论断。哲学必须以科学真理为基础，并在科学真理基础上作进一步的抽象概括，在更高、更抽象的层次上对世界做出论断。真理性要求对哲学而言不是追求的目标，而是已经解决了的逻辑前提。只有符合这个标准，哲学才担当得起指导人们的社会实践和人生奋斗的重任，才能为人类社会历史和文化提示正常健康发展的方向。

我的重建本体论构想是面对实存性宇宙本体，重点是实存性现实世界，这是西方形而上学本体论所抛弃和背离的世界。西方形而上学本体论以观念性的精神存在为实体、为实在、为本体，可以无视时空问题，这是中国很多研究哲学的人所不理解的，我以前也不理解（这与我们的无神论观念有关）。事实上，所谓的超因果、永恒存在，都必须是超时空的，所以形而上学本体论可以脱离科学，任意确立逻辑大前提，创建各式各样的伪学术体系。这是我们必须要弄清的一个基本道理。事实上，时空问题是我们面对世界时首先要遇到的问题。时空是客观实在，有其不可否认的客观确定性，不是可以让人们根据自己学说的需要随意定性的。我们所面临的局面是，形而上学本体论可以不论时空。但形而上学本体论趋向宗教神学，在理性学术领域已经没有立足之地了。现在倒是宇宙大爆炸论一家独大，但宇宙大爆炸论在时空问题上完全采用实用主义的态度，只论天体的空间形式和空间关系，完全撇开空间场所不论，不承认空间存在的绝对性，只讲有限空间存在的相对性，等等，因此，我把澄清时空观看作是重建本体论的前提和基础。时间和空间问题在学术上应该还有很多课题需要我们去解决。

在哲学上人如何看待自身的问题，其关键是人的产生问题和人的身心关系问题。西方人在宗教上持上帝创造说，在科学上持自然生成、自然进化说，在哲学上偏向上帝创造说。我持自然生成、自然进化的观点。在人的身心关系上，西方文化主流观点持身心两分说。在西方的哲学家中，对独立的灵魂实体的存在持怀疑态度的不多。我的观点是坚持身心合一说，人的灵魂不能脱离人的身体而独立存在，人在魂在，人死魂灭。身是人的生物性存在，心是人的精神性存在。人的精神性存在可以超越人的生物性存在的局限性，但不能脱离生物性存在而成为单独的存在实体。人类从根本上来看是有局限性的，所以作为人类的基本属性的人类精神也是有局限的。西方传统哲学先是把人的身心两分，接着是让精神实体化，其后就是实体精神理性化，最后让理性精神进入神的境界，再反过来虚化现实世界，贬低现实人生。明白了这一逻辑进程，再来看西方形而上学本体论把观念性的实在、实体、本体看作真实的存在，而把现实世界看作影子、看作现象，就能理解其中是什么道理了。

哲学思想的确定性问题也应该有所明确。一般而言，哲学是一个思想自由的领域，但是，思想自由并非思想的不确定性。我认为哲学本体论要对世界做出论断、做出判断，那就是在最高、最抽象的层次上对世界的认知，并且这个认知回过头来是要指导人们的社会实践和人生奋斗的，而正是人们的社会实践和人生奋斗为哲学思想的确定性奠定了坚实的基础。确定性问题是哲学认识论的基本问题之一，但我们认为哲学认识论不能解决自身的确定性问题。在哲学认识论中，由于怀疑论者对客观世界、对人自身、对人与世界的关系即主客观之间的关系都提出了种种的质疑，所以关于人类的认识、关于人类的知识的确定性也一直被质疑。至于世界的确定性问题，因为世界是无限的，而人类的认识能力是有限的，所以人类不可能穷尽关于世界的认识。从这个角度看，世界的确定性得不到充分的论证。如果要以所谓的绝对真理、终极真理为标准，则无法探讨世界的确定性问题。但是，在我的哲学观点中，绝对真理、终极真理是伪命题，我们所要探讨的确定性问题无须满足它们的要求。人类认识、人类知识的确定性问题是可以也必须予以确认的，它要从人类生存特征即自主存在的基本性质中去得到论证。在这里，人类生存在地球上是一个实存性事实，应该说是不需要论证的。如果有人提出人类存在的确定性质疑，我们就无法与其沟通交流了，不予理睬即可。人类的自主存在的基本含义，就是自己创造自己的生存和发展条件。而人类认识最基本的功能，就是要指导人们的生产实践活动。只要人们的认识能够指导人们取得预期的生产实践成果，就充分论证了该认识的确定性。科学技术是指导人类社会实践和生产实践的知识性认识成果的主体，没有一个理性正常的思想家会质疑科学技术知识和科学真理的确定性。而我们所要重建的哲学本体论以现实世界和现世生活为基本内容和主要目标，以科学真理为逻辑基础或逻辑起点，就具有最坚固的确定性。这个确定性一定是人类的基本属性所固有的，离开了人类的基本属性，确定性，无论是世界的确定性还是人类认识的确定性，都无从谈起；如果用神的要求，用全知全能的要求来对待人类，则对人类而言，所有的确定性就都变成不确定的了。思想、知识、观念等的确定性问题是哲学认识论的基本问题之一，它不是哲学认识论自身能够解决的问题。如果我们在重建本体论的过程中能够确定哲学对宇宙本体、对现实世界、对社会人生的认知作用，也就解决了哲学认识论关于人类认识成果的确定性问题。

存在方式作为哲学范畴，在传统的形而上学本体论中没有地位，因为在神的世界中不需要探讨存在方式问题，上帝是万能的神，无所谓存在方式的区别。而对个人、人类而言，把握世界、把握世界万物，就是把握它们的存在方式。对于存在方式范畴本身，我们只要知道它是相对存在领域的实现与表达，存在方式表现了相对存在领域和相对存在物的具体形态。从哲学的角度看，种种存在方式会在同一个相对存在物身上体现出来，不同的存在方式也会互相转换和联结。比如讲，因果关系就是不同存在方式的一种转换和联结关系。如果从最高的抽象和概括层面看，存在方式也可以分解为种种不同的系统，如在科学上有物理、化学、生物、地质、天文等不同的存在方式系统，而系统与系统之间会有种种的转换和联结关系。这也是人类认识把握世界的客观基础，它的逻辑顺序可以这样来把握：人们从认识某个具体的存在方式，到在不同的具体的存在方式中抽象概括出它们共同的基本特征和性质后，就形成了一个存在方式系统，由此可以产生各种不同的存在方式系统。并且，在不同的存在方式系统的基础上再进一步抽象和概括，产生更高一级的存在方式系统，一直达到现实世界的虚空性存在和实体性存在有区别的统一的最高存在方式。

我们人类是一个具体的相对存在物，是种种存在方式内在联结、和谐共存的承载者，其基本特征就是自主存在，以此为基础和核心，多种存在方式结合在一起，其复杂精密程度无与伦比，由此导致我们人类成为现实世界中生存条件最苛刻、有序化程度最高级的存在物。从这个角度看，我们人类的生存条件受到的局限性也最大。人类绝对不是全知全能的存在物，从人类固有的局限性来看，人类对存在方式的把握能力就只能在虚空性存在和实体性存在相统一的存在方式系统范畴中发挥作用。那么，有人要问，除了虚空性存在和实体性存在相统一的存在方式外，还有别的存在方式体系吗？从现实世界来说，没有；从人类的认识能力来说，也没有。然而，现实世界（相对存在领域）是有限的，人类的认识能力是有限的，在现实世界之外，在人类的认识能力范围之外，我们不能做出明确的、断然的是非判断。从理性的、合逻辑的立场出发，我愿意设想宇宙本体包含着除虚空性存在和实体性存在相统一的存在方式系统以外的人类无法认识把握的存在方式体系。应该说，我们不能称其为存在方式体系，甚至不知用一个怎样的名称。然而我们应该确信宇宙中乃至于我们周围存在着我们不会与之交集的存在（者）。顺着这样的逻辑轨迹和思路走下去，我们就可以对宇宙中的存在状况做无限的想象和联想。比如，讲宇宙的灵性，关于人类是不是宇宙中唯一有灵性的存在物的问题，长久以来一直让人浮想联翩。其实我们可以想象宇宙是普遍有灵的，但别的有灵存在物与人类不在同一个存在方式体系中，并且与人类的存在条件完全没有交集，我们根本用不着去找他们，他们也不用来找我们，大家各过各的，不需要找来找去的。我们人类往往是按照自己的标准去设想宇宙中另外的有灵存在物，那找到的还是自己的同类。我们把宇宙设想得也太单调了啊。存在方式范畴应该是有非常丰富的内容可以挖掘的。

三、不同的信仰决定不同的哲学观

长久以来，我一直认为有一个唯一正确的哲学思想体系，并且也一直在寻找、探寻这样的哲学思想体系。当我着手写作本书时，也以为我在朝着这个方向前进。然而随着写作的推进以及不断和外界的交流沟通，从多方面、多角度、多层次上来思考探讨这个问题，我领悟到哲学思辨虽然具有认知世界的功能，但它也涉及多方面、多角度、多层次的认知问题，甚至还有虚假认知被人们认可的情况。逻辑立足点不同，思想体系就会呈现出不同的面貌。

在诸多不同的因素中，信仰对哲学观念的影响最大，不同的信仰会导致不同的哲学思想呈现出全然不同甚至对立的面貌。信仰不同，哲学思想肯定不同。我们以有神论哲学和无神论哲学为例：有神论哲学以神的世界和上帝为全部哲学思想的基础和前提，以天国和来世为追求目标；无神论哲学则以现实世界和世俗社会为追求目标，不相信有上帝和神的存在。一个非常奇怪的现象就是，上帝和神虽然得不到证实，但受到世界上大多数人的信奉，被称之为有信仰的族群；无神论者不信神和上帝，但却无法确证上帝和神的不存在。

价值观一般是可以纳入哲学范畴的。由于人们的社会地位不同，生活境遇不同，价值观也会不同。社会地位高，生活境遇好，则其价值取向会偏向精神性追求；社会地位低，生活境遇差，则其价值取向会容易偏向物质性追求。哲学史上源远流长的相对主义、怀疑主义、诡辩论，等等，很多时候是非常令人讨厌的，因为它们的观点实在不合常理。但是，有的时候它们也并非全无意义。比如，怀疑主义往往会对所谓的权威发起质疑，会催生新观念和新思想；相对主义往往和诡辩论结合在一起，虽然很多时候属于胡搅蛮缠，但往往也能让人转换角度和思路来思考问题。由此，我们对于不同的哲学观点和哲学思想确实不能用对错好坏来评判，并且如果出现一家学说独大的局面，那这个社会就有点不妙了。当我开始写作本书时，我信心满满，期望自己的哲学观点能够解决很多哲学问题和哲学悖论。然而当我将要结束本书的时候，我认为我只是为大家提供了种种哲学观点中的一种哲学观点而已，能否具有一定的学术价值以及对有缘阅读到本书的人有没有启发或参考作用，我就不知道了，可能老天知道。

目录

第一部分

关于当代哲学的式微及传统哲学本体论的解构

第一章
当代哲学的式微及传统哲学本体论的解构

一、哲学是人类文化的灵魂

哲学是精神文化领域中最上层、最高端的部分。任何一个成熟民族的精神文化，离开了深刻的、成熟的、有完整体系的哲学思想，都是不可能的。只要有发达成熟的文化，就一定有精深博大的哲学精神为其核心和灵魂，基本的哲学思想决定了社会精神文化的基本面貌。哲学是文化的灵魂，是文化的核心，是历史文化发展的思想理论指导。

对人类社会的历史文化发展而言，哲学所要思考、探讨、解答的，都是最有普遍性、最具有根本性的问题。亚里士多德认为，哲学是探寻世界万事万物诸原理中的第一原理的学问。因此，哲学必须对人类社会的知识进行最全面、最普遍的概括和抽象，哲学探讨思辨所得出的结论总是对人类全部知识的最高概括和最高抽象，而每一次人类社会历史文化的大变革、大发展，也总是在哲学思想有新的变革突破的前提下产生的，这已经成为人类社会历史文化发展的基本特征。哲学所体现、所显示的是大智慧、大学问、大境界，是人类文化中最有价值、最有决定性意义的思想理论的核心和基础。哲学对于每一个人也具有非同一般的意义。哲学是解大惑之学，所谓大惑，乃非一般言说可解之惑，乃天地之惑、人生之惑、社会历史之惑。大惑不解，事业再辉煌，总是美善人生之缺憾。所谓做明白人，做觉悟之人，就在于解大惑，悟大道。解人之大惑，悟天地之大道，乃是哲学探索、哲学传播的大用之功。

然而，人类社会发展到当今时代，哲学却走向了式微，哲学本体论遭到了彻底的解构。具体而言，哲学关于宇宙根本问题的思辨探讨被科学物理学的宇宙大爆炸论取代。英国的理论物理学家斯蒂芬·霍金则干脆说道，就他个人而言，哲学已死。而事实上，到20世纪中后期，西方文化中的哲学思想就乏善可陈了。西方解构传统文化、解构传统价值观念、解构传统哲学的思潮在第二次世界大战之后就已经发端并迅速发展，之后就一发而不可收了。现在西方哲学中已经没有本体论的地位了，解构形而上学、解构本体论成为西方哲学思潮的主要特征之一。而世界哲学潮流或当代哲学思潮恐怕基本上是跟着西方或者说欧美的潮流走的。别看西方所谓的现象学哲学、存在主义哲学之类的东西十分热闹，其实它们都成不了哲学的主流，只能是哲学的末流，没有长久的生命力。事实上，现在世界上基本看不到真正能够称得上思想大家的哲学家了。很多被称为哲学家的人物，其实只是名为哲学家，而实非哲学家了。

西方哲学被解构、被消解，导致西方文化即欧美文化灵魂失据，精神散乱，根本不可能带领人类文化向着正常健康的方向发展，也无法建立正常健康、公平公正的世界秩序。自20世纪七八十年代以来，西方哲学已近后继无人，整个思想文化领域被科学主义笼罩。西方文化在全世界强势了几个世纪之后，已经进入了停滞的状态。虽然在政治、经济、文化上，美国仍然是世界上唯一的超级大国，但是以美国为首的欧美国家在人类社会进一步发展的道路上已经体现出破坏性作用大于建设性作用、消极性作用大于积极性作用的趋势。如果我们从深层次的精神文化找根源的话，乃在于西方哲学的衰颓，而西方哲学的衰颓，根源乃在于西方哲学本体论被解构消解，从而使得西方文化发展的方向失去了参照的基准，使得西方精神文化日益表面化、肤浅化、庸俗化。思辨和沉思这一人类最伟大、最深刻、最高尚的精神活动日益消失，追根溯源，乃在于西方文化的灵魂即西方哲学的式微，而西方哲学的式微，根源乃在于其基础和核心，即西方哲学本体论受到了根本性的动摇和解构。

从人类精神文化发展的角度看，当代世界所需要的文化批判、社会批判也因为缺少了哲学的引领而根本无从谈起。科学主义思潮所导致的科学异化现象愈演愈烈，商业文化发展到极端状态所导致的人类社会精神文化肤浅化，道德虚无化、堕落化的状况也无法得到有效遏制。说到底，人类社会正处于新的迷茫时期，还没有找到继续前行的正确方向，需要哲学的批判质疑精神、思辨探索精神来为自身寻找、确定正确的发展道路。而传统哲学本体论遭解构后，传统哲学自身难保，提不出进行种种批判、质疑所必须遵循的依据和原则。因此，必须重建哲学本体论，重新焕发哲学的活力，为"失魂落魄"的人类社会精神文化"招魂"。这是人类社会精神文化继续正常健康发展的基础和先决条件。

二、本体论是哲学的基础和核心

哲学本体论是干什么的？哲学本体论是要回答世界是什么的问题的。世界是什么？作为哲学判断的话，绝对不能把世界说成是一个具体的事物或过程。如果说世界是通过大爆炸演化过来的，那肯定不是哲学的判断，那样的判断没有资格进入哲学领域。作为一个物理学上的判断，宇宙大爆炸也只能是一种假设，甚至连假设都不够格，而只能是一种推测、臆想。由于哲学的式微和哲学家们逃避责任，把思考宇宙问题的职责和权力推给了科学家们，一些狂妄的科学家就企图扮演上帝的角色，编造宇宙大爆炸的故事，改头换面地宣传当代的上帝创世说。重建哲学本体论，就是要让人们以理性思辨态度来对待宇宙的根本问题，而不是让科学主义的谬论牵着鼻子走，更不能把上帝再请回到我们的现世生活或世俗生活中来。哲学本体论就是能让人们得到恰当、理性的关于世界或宇宙本体问题的根本或总体的观念和态度，它决定着整个哲学思想的基本特征和面貌。这就决定了哲学本体论在哲学学科中的基础和核心地位。作为哲学的基础和核心的哲学本体论遭解构之时，就是哲学自身趋向式微之日。哲学本体论的消解，就使得全部的哲学思想处于混乱状态。非常不幸，目前的局面就是哲学因混乱而失声，科学因超强而迷乱。

　　世界是什么的问题，可以从各个不同的角度和领域来解答。比如，我们回答说：世界就是天地万物。这不能说错，然而这种回答肤浅到说了也等于没有说的程度。哲学要回答世界是什么的问题，既要能够达到领悟世界终极存在的最高境界，又要使现实世界与终极存在上下贯通，这样才能使人恍然大悟、豁然开朗，彻悟天地人生之大道、宇宙本体之究竟。在总体的哲学学术体系中，只有哲学本体论才能担当这个重任。哲学本体论无论在东方还是在西方都古已有之。在西方哲学中，传统的哲学本体论曾经达到非常辉煌的程度；在中国古代，哲学本体论的观念则非常理性恰当，思想境界很高。近现代以来，人类关于世界的科学知识飞速发展，导致传统的哲学本体论关于世界是什么的解答无法满足指导各种具体科学发展的需要，更无法使人类在纷繁复杂的各类具体科学知识和现象世界面前保持清晰的头脑和思路，从而使传统的哲学本体论不可避免地遭到了解构或消解。而人类社会要继续健康正常地发展，没有在哲学高度上对世界的恰当认知是不可能的。构建现代哲学本体论正当其时，刻不容缓。

　　对于世界或宇宙问题的观念或判断，哲学本体论既不能脱离人们关于世界或宇宙的科学认识来乱说一气，又不能囿于科学认识范围来看问题，而是要在全面地、根本性地把握科学认识或人类全部知识的基础上，超越科学认识，超越具体对象和具体过程，而在形而上的领域中对世界和宇宙进行思辨和判断，得出最高、最根本而又最恰当的思想观念，为人类认识世界和改造世界提供更高的境界以及更宽的视野和思路。哲学和科学处于两个不同的领域和层次，哲学本体论走向形而下之领域的具体过程中去，就是对科学的侵犯；科学走向形而上之领域的顶端，妄图从根本上最终全面回答世界或宇宙是什么的问题，就是对哲学的越位，离宗教神学也就不远了。

为什么说哲学本体论是哲学的基础和核心内容呢？因为哲学本体论是对宇宙的根本问题进行探讨并做出判断或结论。而缺少了对宇宙根本问题的恰当的判断或结论，哲学的其他方面或其他领域的探讨思辨就缺失了衡量的标准，也就失去了探讨思辨的方向。就哲学认识论而言，如果没有相应的本体论观念作基础和引导，就很难构建有说服力、有实际指导意义的思想体系。从哲学认识论的本质特征来看，它应该是解决人类与世界的关系问题的，也就是要指导人们去有效地认识、把握世界，从而为人们的社会实践和人生奋斗服务。然而，当人们对宇宙的根本问题缺乏明确的、恰当的观念时，就不可能产生恰当有效的认识论观念。也就是说，没有哲学本体论，也就没有哲学认识论。

西方哲学发端于本体论，又式微于本体论的被解构。西方哲学当推古希腊哲学为源头，古希腊哲学当推泰勒斯为第一人，而泰勒斯被后人记住的最著名的观点是"水为万物之源"。这就是一个本体论的命题。把世界万物之源论定为某一种物质，虽然失之偏狭，但已经是古代哲学家的最高理性思辨成果，它标志着古代哲学伴随着人类试图回答"世界是什么"这一最高、最根本问题的哲学本体论命题而产生。在古希腊哲学中，随后又产生了世界是由"土、水、气、火"四种元素构成的观念。所谓的"土、水、气、火"乃是世界万物的四种物态形式，即事物的固态（土）、液态（水）、气态（气）、冷暖性质（火、温度）的表达，这也是对世界万物存在状态的高度抽象和概括。

古希腊哲学本体论的伟大之处乃在于大思想家不断涌现。关于世界本源问题，还有着更丰富深刻的论述，例如"相似微分"的聚散说。"相似微分"聚合，则形成物理世界的事物；"相似微分"散去，则导致事物的消失。循着这一思路的"原子论"成为古希腊哲学本体论的最高成就之一。苏格拉底则提出了认识"人自身"的深刻命题。到了古希腊思想文化集大成者亚里士多德那里，哲学本体论的"四个根本原因"说产生了，即宇宙的本因、物因、动因、目的因，这是亚里士多德哲学本体论在前人的基础上得出的综合性的概括和总结。

我并不认为古希腊的哲学本体论完美无缺。但是，古希腊的哲学本体论就其思想理论的丰富性、深刻性、规范性而言，确实为西方思想文化中的哲学大厦打下了极深厚、牢固、坚实的基础。再加上古希腊的数学、逻辑学的成熟发达，科学知识的初步积累和科学思想的萌芽，更使得古希腊哲学本体论有着取之不尽、用之不竭的思想源泉。古希腊哲学本体论波澜壮阔、蔚为大观、深邃丰富，是西方文化中最坚实、最意蕴无穷的核心内容和核心原动力。当西方社会进入中世纪的历史阶段后，西方哲学沦落为神学的婢女，西方哲学本体论成为论证上帝存在的工具。按康德的讲法，形而上学的目标就是"追求上帝，灵魂不死，自由"。西方文化的理性特征为宗教信仰特征所取代。西方文化理性精神的恢复，以哥白尼的日心说战胜基督教的地心说为标志。文艺复兴成为人类历史文化新的开端，西方哲学本体论从此获得了进一步的发展。就宇宙观而言，唯心论和唯物论在互相辩难中得到了大发展。在对上帝的质疑和否定中，人本主义观点得以确定，辩证法在黑格尔那里形成了规范、精致、体系化的模式，而康德的纯粹理性批判通过界定理性思辨的有效范围，把上帝安排到了理性思辨的有效范围之外。也就是说，西方哲学从此日益与宗教神学划清界限，哲学本体论必须面向自然，面向人自身，而且，哲学本体论必须把人与自然或者说人与世界综合为一体来思考。

但是，由于近代以来，西方文化包括西方哲学是建立在科学发展、科学发现的基础上的，因此，西方哲学进入近现代以来，日益走向与科学交叉的局面，解构哲学本体论，即解构形而上学、解构人类理性，甚至解构哲学自身，成为西方思想文化思潮中的时尚。而所谓的哲学研究则日益趋向具体领域和具体问题，所谓符号哲学、语言哲学、心理学哲学之类的东西充斥着哲学研究领域。即使如现象学、存在主义哲学这些举世公认的哲学体系和哲学流派，其内容也已琐碎具体到几乎令人厌烦的地步。那种作秀式的标新立异、故作高深、故弄玄虚的著作，读起来简直就是受罪，很多专家学者都难以卒读，更别说能给人多少启迪和教益了。而哲学本体论则已经在哲学研究中被所谓的哲学家们解构、消解掉了。他们提出的口号是："上帝死了!"紧接着，他们更理直气壮地胡言乱语道："人也死了!"这就是当代那些没有出息的大哲学家和时髦的哲学家昏昧庸俗的心态。

于是，自然科学越位侵入哲学领域;于是，哲学本体论被科学宇宙学取代;于是，宇宙大爆炸论通行天下、横行不法，骗倒了天下所有附庸风雅的媒体、政客、所谓的思想理论家和热衷于看热闹的众生。宇宙学是怎么一回事呢?也就是天文学家和天体物理学家们运用现代的科技手段和科学理论，在总体上对我们能够观察或感受到的大尺度空间范围内的天际进行探索研究。从科学性和逻辑性所需要的严密、规范要求来衡量，这种研究其实还处于相当粗糙、模糊的初始阶段。对 100 亿甚至 200 亿光年的空间范围的观察，其精确性仅仅能够与人类初始阶段观察太阳系的精确程度相类比。这样的宇宙学知识绝大部分是建立在模糊印象和推测假设的基础上的，以之作为进一步科研的课题倒无不可，以之作为进一步求证推演后续科学论题的逻辑大前提就显得极其荒谬了。更为过分的是，它还要取代哲学本体论，那就只能是荒谬之上更加荒谬了。然而世界就是如此荒谬。由于哲学本体论被解构，西方哲学的基础受到了根本性的动摇，西方哲学的核心内容处于虚无化的状态。

第二章
西方传统哲学本体论的特点与缺陷

　　所谓重建本体论，就意味着我们不能简单地重走西方传统哲学本体论的老路。西方传统哲学本体论被解构、被抛弃，并非偶然，而是其自身也有着不得不被抛弃的内在原因。我们必须探明西方传统哲学本体论自身的问题并加以彻底的修正改造，才能谈到重建的问题。

一、西方传统哲学本体论的主要特点

　　西方传统哲学本体论并没有一个规范、统一的学术体系。一般而言，我们可以把西方传统哲学中关于世界根本问题或关于世界终极问题的思考、探讨、论断等哲学思想、哲学观念称作哲学本体论。在西方哲学史的发展中，没有哪一个哲学家把自己的文章或著作命名为本体论。在一般的哲学观念中，与哲学本体论含义基本相同的还有两个范畴：一个叫存在论，一个叫形而上学。形而上学几十年来在中国一直没有好名声，主流社会、主流学术思想一直把它当作一种僵化的思想方法来看待，完全没有弄懂它的含义或者是无知地歪曲了它的本意。形而上学就是哲学本体论的内容之一，它就是探讨世界的终极存在问题的，德国的大哲学家康德将形而上学所要解决的问题概括为：上帝、灵魂不死、自由（超越因果制约的）。

　　我们来看本体论、存在论、形而上学这三个哲学概念的同异。先来

看同的方面：无论是本体论、存在论还是形而上学，它们都是在哲学的范畴中或在哲学的层次上来探究、思辨、判断世界是什么、宇宙本体是什么的问题的。它们所思辨、探究的对象是同一个，思辨、探究的行程和方向是相同的。我们再来看它们不同的方面：哲学本体论是相对于哲学认识论而言的。哲学本体论强调自身的思辨探究对象是客观世界，这个客观世界当然包括探究者自身即人类自身。而认识论则是思辨探究人与世界的关系的，或者说是讲人的主观世界与客观世界的关系的，用哲学的词语来表达，就是探究存在与思维的关系问题的。那么，本体论相对于认识论而言就是探究存在问题的。存在论则并不与认识论相对应，它直接表明自身是对客观世界的存在性状的思辨探究，并且要达到对超现实存在即终极存在或本源性存在的把握。一般而言，存在论有两条发展路径：一条是对世界的实存性终极存在的探求；一条是对世界的精神理念性终极存在的探求。对实存性终极存在的探求着重探究实存世界存在的终极原因和终极根据，其中包含很多内容，在一段很长的发展历史中，甚至是把科学也包含在内，并成为科学发展的先驱或先导。它主要研究探讨物理世界的最小的、不可分割的构成单位，例如，把水当成万物的始基，也有土、水、气、火四因素说，其最高成就应该是原子论，原子论甚至可以看作近现代物理学的理论准备。以上所讲的几种观点都是产生于古希腊哲学中。存在论的另一条路径则不是探索研究实存世界的终极原因或终极根据，而是直接跳过实存世界或者说抛弃了现实世界，而对本体实在、本体实体进行探究。在这一路的存在论观念中，所谓的实在、实体等概念，不是指宇宙中实存的天体万物，而是指亘古不变的观念性存在。用德国大哲学家康德的话讲，就是"上帝、灵魂、自由（超因果性状）"。所谓"观念性存在"，当然不是人们看得见、摸得着的东西，并不包含在物理世界所涵盖的范围之内，是所谓超越经验领域、超越现实世界的，人们必须用思维、用精神去领悟、去把握它。从这个基本性质看，形而上学终究是会走向宗教、走向神学的。

到了近现代，西方哲学本体论中又出现了唯心主义和唯物主义的斗争。中国近现代以来最熟悉的哲学本体论观点大概就是这个唯心论与唯物论概念了。所谓的唯心论观念，就是认为世界的本源是精神性的，这应该与西方人的上帝观念有关；所谓的唯物论观念，就是认为世界的本源是物质性的。

以上大致归纳了一下西方哲学本体论的内容，它是以是否从哲学的层面来探究、思辨宇宙或世界存在性状和根本性质为标准的，即凡是关于宇宙或世界的根本问题、终极问题的哲学观念、哲学思辨、哲学探究，都属于哲学本体论范畴。

二、西方传统哲学本体论具有不可克服的历史局限性

西方传统哲学本体论具有不可克服的历史局限性，体现在两个方面：

首先，西方哲学发端于神话，最后被宗教神学笼罩。近代科学思想兴起发展后，哲学虽然摆脱了宗教的控制，但始终没有与有神论划清界限。有神论在古希腊哲学家中是普遍受信奉的，有两位代表人物，一位是苏格拉底，他是笃信彼岸世界的。有的哲学史家就认为苏格拉底在面对死刑判决时不愿越狱脱逃，一个重要的原因就是他认为人死后将进入彼岸世界，这个彼岸世界也就是神的世界，比人世间要美好得多。苏格拉底向往神的世界，厌恶人世间，因此他毅然赴死。另一位就是柏拉图，他明确地把世界分为神的世界和人的世界，认为神的世界是实在真实的世界，而人的世界无足轻重，不值得留恋。这样的一路哲学思想传到西方中世纪，就被宗教神学吸收，哲学沦落为神学的婢女。当宗教神学受到科学发展的强烈冲击后，西方哲学本体论逐渐由宗教神学转向科学世界。但是有神论仍然顽固地存在于哲学家的思想观念中，如有"近代哲

学之父"之称的哲学家笛卡尔就笃信上帝的存在，德国古典哲学泰斗康德也并不否认上帝的存在。黑格尔的哲学虽然不讲上帝，但他创造的绝对观念属于精神形态的东西，按我们的理解，比较容易向上帝靠拢。这样，西方的哲学本体论走宗教神学体系的那一路到黑格尔为止，已经没有进一步发展的余地了。随着西方近现代科学技术普遍而迅猛的发展，以哥白尼的日心说战胜宗教神学的地心说为标志，带有神学色彩的哲学本体论，也就是形而上学哲学关于世界根本问题的观念就日益被历史潮流抛弃。这就是西方哲学本体论的历史局限之一。

其次，西方哲学本体论还孕育于科学世界并着眼于世界万物的具体演变过程。古希腊哲学本体论中关于世界万物的基本组成结构和世界万物演化的基本原理或规律的内容极其丰富，但是都与具体实在的实物形态结合得很紧密，称其为科学的先导毫不为过。但是，这却为以后的科学主义泛滥以及科学主义取代哲学本体论埋下了祸根。亚里士多德是古希腊哲学的集大成者，他的哲学本体论倾向于科学方面。他在《形而上学》一书中认为，哲学是追求各种科学原理之第一原理的科学，哲学就是要探讨、发现第一原理。亚里士多德在前人思想成就的基础上抽象概括出在哲学上把握世界基本原理的"四因说"，即世界的"本因、物因、动因、目的因"。这本因应该是哲学探求的内容，物因与动因应该是科学的内容，而目的因则带有自然伦理的色彩。从总体上看，他的科学倾向性十分明显。他是古希腊最博学的思想家，柏拉图是他的老师，但柏拉图着重理念世界，轻视世俗人生，代表神学哲学。亚里士多德则看重现实世界，重心在科学方面，创建了多种科学学科。因此，他的哲学思想应该是很好地综合概括了当时人类最高的科学知识和科学认识水平。亚里士多德把哲学和科学的界限掌握得很好，而且对神的态度也相当理性。但是《形而上学》一书有很浓的进入科学领域的味道。后人沿着这个方向走，就进入了以科学取代哲学本体论的死胡同，导致近现代西方哲学逐渐出现本体论缺失的致命缺陷。

欧洲或者说西方的社会历史发展走到世界的前列，没有科学技术突飞猛进的发展引领是不可想象的。而西方近代科学的发展始于哥白尼的"日心说"。日心说是人类第一次对太阳系的科学描述，对基督教的神学体系产生了摧毁性的打击，为近现代科学技术的发展开创了具有决定意义的先河。牛顿古典力学的形成和完成，则是西方近代科学第一个集大成的发展高峰。这一时期，西方哲学借科学之力，彻底冲破了神学的束缚和笼罩，得到了一次大发展，由神学本体论转向了人学本体论。人学本体论当然比神学本体论好得多，但局限性也十分明显，从叔本华到尼采再到存在主义，人学本体论也一步步走向式微。真正的哲学本体论在西方主流哲学思潮中渐渐趋向边缘化。

爱因斯坦的狭义相对论和广义相对论的相继产生、完成，超越了牛顿经典力学理论，是西方科学的又一次飞跃发展，并使科学技术在西方社会历史发展中取得了举足轻重的地位。自此，西方科学主义思潮逐渐登上历史舞台，对于宇宙根本问题的认识，哲学家日益失去发言权，而由科学家说了算。最后，所谓的宇宙大爆炸理论一出，完全夺取了哲学本体论关于宇宙根本问题的话语权。这就成了西方哲学本体论在历史发展中的宿命。

所谓西方传统哲学的历史局限性，就是宗教神学和科学及科学主义的上下夹攻，导致哲学本体论的式微乃至缺失，使西方传统哲学基本内容缺失，基础消解，进而导致西方社会历史和文化发展出现了停滞甚至混乱的局面。

三、西方传统哲学本体论自身所具有的逻辑局限性

西方哲学本体论的逻辑局限性就是西方哲学以人的有限性的能力为

依据，把无限的宇宙本体论定为有限的。这个逻辑局限性无可避免地导致了它自身被解构、被消解的命运。具有确实无疑的绝对无限性的宇宙本体被有意无意地当作有限的事物或过程来看待或探究，就导致哲学自身的逻辑基础在现当代科学技术飞速、高水平发展后，面对人类自身能力的极大提高的状况，无法承受科技成就的重压，哲学自身的逻辑体系无法容纳科技成就急速膨胀的庞大内容。那些原本由哲学家思辨把握的问题，要么被现代科技发展水平所达到的高度超越，要么就是显得没有意义而被人们抛弃。比如，宇宙大爆炸理论一出来，把世界的来源都"讲清了"，那这个持宇宙有限观念的哲学本体论还有存在的必要吗？

把世界看作有限的思想观念没有必要全部罗列出来，古希腊哲学看亚里士多德，当代么，本体论是谈不上了，我们看看宇宙大爆炸论就可以了。亚里士多德在他的本体论思想中提出了第一原理的观念、不动的原动者观念、世界变化发展的"四因说"观念。这些观念中都包含着世界有限的思想。所谓的第一原理、不动的原动者、四因说，等等，都是宇宙本体之内的东西，没有一样能够从根本上或前提条件上说明、表达宇宙本体的问题。亚里士多德所能够追寻的第一原理，如果不是把它限定在某一个具体领域，面对茫茫宇宙，没有任何一个事物、现象或规定性能够位列第一或最终。因此，所谓的第一原理最后都只能把某个学科领域中的基本原理作为该学科领域中的第一原理。循着这个路子，哲学必然会走回到科学中去，而科学总是有限的。再有，即使我们把人类的全部知识中最为普遍必然的共同特征抽象概括出来，也只是对人类而言的全部知识，并且这个"全部知识"还总是不断地处于更新之中。对宇宙本体而言，这个全部知识根本不算什么，绝对没有资格充当宇宙本体的第一原理。宇宙本体因果合一，自因为果，自果为因，根本不存在什么第一原理问题。探讨寻找第一原理，其实只是具体领域、具体学科范围内的事情，它带有哲理性的味道，是哲学对形而下之领域发挥指导、启迪性作用的表现。在哲学本体论的探讨研究中，第一原理成为一个似是而非的论题。

所谓不动的原动者，这个论断本身就存在着不可克服的逻辑矛盾。既然是一个不动者，就不可能对世界万物产生原动作用。即使把上帝看作第一推动力，那上帝也是不动的原动者啊。当然，亚氏并没有提出上帝的观念，但那个不动的原动者观念终究是会走向上帝的。亚里士多德的"四因说"虽然也属于本体论范畴，但也是有限观念的体现，是具体事物、具体过程在有限范围内的展开。前有开端"本因"，后有终点"极因"即目的因，最后仍然是走在科学的路子上，所阐述的原理都在具体的科学范畴中。

由此，我们就可以自然地把目光转向现代宇宙论中的宇宙大爆炸理论。这个理论牛气冲天，独霸了全球关于宇宙问题的话语权，并彻底地把西方传统哲学本体论赶下了学术神坛。我们稍微附会一点看，它的逻辑结构刚好是亚氏"四因说"的当代翻版。宇宙大爆炸理论认为宇宙是有限的，我们现在所处的宇宙产生于 150 亿至 200 亿年前的一次大爆炸，目前正处于膨胀时期。在引力的作用下，宇宙将会进入坍缩时期，最后宇宙将会塌缩为大爆炸前的状态，这就是宇宙的终结。宇宙则在大爆炸与大坍塌之间循环往复。从这样的描述中，我们可以看到这个宇宙大爆炸理论基本上是趋向于形而下之领域的，是关于一个具体的事物和这个事物运动变化的循环往复的过程的，因此，宇宙大爆炸理论就必然把宇宙看作是有限的，也就必然可以套用亚里士多德的"四因说"理论。也正是这个宇宙大爆炸论消解并取代了西方传统哲学本体论。历史真叫人费解，作为神学家的哥白尼以自己的科学观察和理论创立了"日心说"，把神学本体论逐出了历史舞台；而现代科学高端领域中的宇宙学家们、权威的理论物理学家们却用推测加猜想建立起来的宇宙大爆炸论把神学本体论又请回了历史舞台，因为神学理论完全可以把宇宙大爆炸理论纳入到他们的上帝创世论体系中去。

把宇宙当作有限的来看待，确实是西方传统哲学中占主导地位的思想观念。西方哲学本体论把追求探索宇宙的起始点、原点或不可分解的初始构成物作为自己的目标。而我们知道，有开始就一定有结束，有始有终就一定是一个具体的事物或过程，而具体的事物或过程就一定是有限的。在古希腊哲学关于本体论内容的论述中，所谓的宇宙第一原理、第一推动力、不可分解的基本构成物等观念都是虚假的，存在着致命的逻辑局限性。然而，西方传统哲学在发端时期就是在这个轨道上运行的。如古希腊哲学第一人泰勒斯认为水是万物之源，这就把宇宙本体的存在建立在一个具体事物或一种具体物质形态上。随后在古希腊哲学中出现的"土、水、气、火"四物态学说、微分聚散学说、原子论学说等，这些学说一个比一个精致，一个比一个深刻，然而它们只是表达、描述了宇宙本体的某个方面、某个领域、某种局部的特征或具体存在的显现方式，并非宇宙本体的终极存在性状。事实上，我们想要在绝对的、无条件的意义上来把握宇宙本体的"全部具体特征"是不可能的，是肯定不合逻辑。宇宙本体的绝对无限性、无条件的无限性，意味着我们绝不能把宇宙本体看作或描述为某一种具体事物，或某一种具体状态，或某一种具体过程。宇宙本体无可比拟，宇宙本体甚至无可指称，我们称之为宇宙本体的，作为一个名词来讲，绝不同于我们所讲的任何一个其他名词的含义，没有任何一个名词可以和它相并立，可以和它处于同一个层次。宇宙本体这一名词无法清楚明白、完全透彻地表达我们所要指称的对象，这个对象包含了我们所有能够认识的具体规定性和不能认识的所有可能性，而又超越了我们所能认识的所有规定性和不能认识的所有可能性。因此，没有任何一个东西能够成为宇宙本体的依据、前提、基础。宇宙本体自因为果、自果为因，无穷的存在内容互为因果。因此，西方传统哲学本体论以有限的观念对待宇宙本体，把宇宙本体当作一个具体有限的存在，当作一个具体的事物或过程，也就总是要被修正，并且总是要回落到科学领域之中，由科学物理学越位来探讨、研究宇宙终极存在问题，最后干脆就以科学物理学来取代哲学本体论。这就是当代西方思想学术界宇宙本体问题研究的实际状况。

西方哲学本体论的另一个逻辑局限性就是总想在整体上把握认识宇宙本体，或者说要彻底把握那个在康德看来绝无可能认识的对象，这当然是宇宙有限观念的另一种体现。所谓的第一原理、不可分割的结构基础，等等，无非是在宇宙的起点上把握宇宙，而全面地、整体地把握宇宙的想法，则是想从宇宙的终点上来把握宇宙，都是宇宙有限观念的体现。无论是想为宇宙本体寻找一个不可分割的东西作为世界万物的结构基础，亦即为宇宙本体寻找一个原点或开端，还是把宇宙本体作为整体来看待，都是人类把自身的有限性加诸宇宙本体，是人类自说自话的看法、观念，而宇宙本体的绝对无限性则不会有任何改变。这就是西方传统哲学本体论的无可克服的逻辑致命伤。这个逻辑致命伤在科学发展到某个阶段或某种水准上时不会显现出来，而当科学发展到当今水平，即当人们原来从哲学的层面对实体世界做出的思辨探究和推断都可以被科学研究和科学知识取代时，这个逻辑致命伤就导致传统哲学本体论自身趋向崩溃。令人感到痛心的是，哲学本体论竟然是被披着科学外衣，实际上连伪科学都算不上的非马非驴的宇宙大爆炸理论取代的，真是败得够滑稽了，真不知当代西方哲学家们在干什么？哲学的思辨功能和批判怀疑精神都跑到哪儿去了？

从西方哲学发展的特征来看，神学本体论在先、科学主义宇宙观在后由柏拉图的神学观念传至中世纪以后，形而上学为宗教神学所控制、所利用，竟闹出探讨一个针尖上可以站立几个天使的命题这种笑话。进入近现代后，西方哲学本体论在科学发展的基础上摆脱了宗教神学的控制，回到亚里士多德的科学发展轨道上，发挥了科学发展的先导作用。

同时又由于科学的飞速发展，理论科学如理论物理学等逐渐取代了传统哲学本体论对科学发展的具体的指导作用，再加上其他种种原因，哲学本体论遭到了科学主义宇宙观的冲击、取代，进而被解构，由此哲学认识论也失去了它的基础。虽然 20 世纪德国出现的现象学哲学是一种哲学认识论体系，曾经有过短暂的辉煌，但由于没有坚实的哲学本体论基础，毕竟只是历史的过客，不能给人以永恒的启迪，很快就过时了。事实上，当人们没有恰当解决"世界是什么"这个宇宙的根本问题时，其他的问题是无法解决的。传统的西方哲学本体论在当今文化科技充分发展的情况下，由于其自身的局限性，一是已经不能充当引领社会精神文化和科学技术发展的引路人、启迪者，二是已经不能超乎科学之上来恰当地回答"世界是什么"的根本问题了。而离开了哲学本体论的指导，世界是什么的问题就无从谈起。所谓物理科学的宇宙论，永远只能处于以偏概全的状态。科学只要脱离了自己的轨道对世界做判断，其结果要么是胡言乱语、胡编乱造，要么就是走向宗教迷信，为神学作注。因此，在更高的境界上重建哲学本体论成为人类社会在新的历史发展阶段的精神文化中必须首先要解决的问题。

第三章
中国传统哲学本体论观念概述

一、概述

我们重建本体论，不能仅仅从西方的角度看问题，而必须站在全球全人类的立场上看问题。因此，在重建本体论的过程中，必须让中西方的思想观念融会贯通、取长补短，在中西方思想的融合中超越传统的思想观念，把哲学本体论提升到一个新的历史境界、新的思想文化境界。因此，我们也必须了解中国有关哲学本体论的思想观念。

中国的哲学本体论，规范一点讲，是中国的哲学本体论思想。讲到中国哲学，很多人会想到《易经》，认为那是中国哲学的源头。其实《易经》并不是专门的哲学著作，它的重心在术的层面而非道的层面。我们可以认为《易经》包含着很丰富的哲学思想，或者说可以在《易经》中体味到很多哲理性的东西。但《易经》非哲学专论，它最显著的哲理性特点就是天地阴阳的变易，而且具有封闭有限的循环变易特征，基本不关涉哲学本体论的内容，不具有探讨宇宙终极存在的理论学术高度。讲中国哲学本体论思想，最主要的还是老子所著的《道德经》。另外，儒家思想和佛学对此也有所关涉。

儒家思想一直在中国思想文化领域占统治地位，其主要学术思想以政治和伦理为主要特征，没有专门的哲学学术体系。宋明理学有点西方形而上学的味道，却也导致了儒家学说的僵化没落。儒家学说中有点本体论思想味道的就是所谓的"天命观"，在"天命观"基础上发展起来的"天人感应说"等近似于西方的神学本体论，没有多少学术价值。

佛学虽然是外来文化，从印度传入，但在中国经历了近两千年的发展，早已本土化了。佛学的核心直指宇宙终极存在，其核心思想在《心经》中得到了简单明了的表述。《心经》全文并不长，仅二百六十二字：

> 观自在菩萨，行深般若波罗蜜多时，照见五蕴皆空，度一切苦厄。舍利子，色不异空，空不异色，色即是空，空即是色，受想行识，亦复如是。舍利子，是诸法空相，不生不灭，不垢不净，不增不减。是故空中无色，无受想行识，无眼耳鼻舌身意，无色声香味触法，无眼界，乃至无意识界。无无明，亦无无明尽，乃至无老死，亦无老死尽。无苦集灭道，无智亦无得。以无所得故，菩提萨埵，依般若波罗蜜多故，心无挂碍，无挂碍故，无有恐怖，远离颠倒梦想，究竟涅槃。三世诸佛，依般若波罗蜜多故，得阿耨多罗三藐三菩提。故知般若波罗蜜多，是大神咒，是大明咒，是无上咒，是无等等咒，能除一切苦，真实不虚。故说般若波罗蜜多咒，即说咒曰：揭谛揭谛　波罗揭谛　波罗僧揭谛　菩提萨婆诃。

那"是诸法空相，不生不灭，不垢不净，不增不减"就是宇宙终极存在的性状。然而，佛学毕竟是宗教学说，它是要走极端的，因此佛学只肯定终极存在、绝对存在，否定相对存在、现实存在，而且采用了反逻辑的诡辩手法。我们来看看《心经》的逻辑矛盾：既然是"色不异空，空不异色，色即是空，空即是色"，那怎么能够得出"是故空中无色"的结论呢？

佛学有一个非常奇怪的特征：它对宇宙终极存在性状的认定没有一点点神学本体论的味道，而具有纯粹的思辨性。这是不得不使人重视的地方，而且确实能给人启发。再有一点，佛学虽然常常用数字表达一些内容，如三千大千世界，等等，但是佛学却明确认为佛的境界是无限的。佛学的思辨性也是令人惊异的，中国人重经验，重综合，重领悟，然而，在研习佛学佛理的过程中，却具有鲜明的思辨性，而没有丝毫的神秘性。佛学的最高境界对我们思考哲学本体论问题是有很大启发的。

二、道家的哲学本体论观念

我们下面要着重谈谈道家哲学的本体论思想。道家哲学的主要代表是老子和庄子。当道家学说流变到道教宗教时，在学术上就不足道了。道家哲学本体论在老子那儿讲得最好。《道德经》八十一章五千多字，是中华文化中最有哲学味的古典文献。《道德经》的哲学思想丰富，我们在这里主要介绍有关哲学本体论的篇章。

第一章："道"可道，非常道；"名"可名，非常名。无名，天地之始；有名，万物之母。故常无，欲以观其妙；常有，欲以观其徼。此两者，同出而异名，同谓之"玄"；玄之又玄，众妙之门。

翻译："道"若可以称道，便不是那永恒的"道"；"名"若能够名说，便不是那永恒的"名"。没有名，是天地无别的元始；有了名，才分出了万物万事。所以那永恒存在的"无"，将由它来窥探造化的奥微；那永恒存在的"有"，将由它来观察万物的区分。这永恒的"无"与"有"，同出一源而名称不同，都可称之为神秘深幽；它幽深而又幽深，正是产生一切神秘奥妙的门。（此译文选自孙雍长《老子注译》一书，下同。）

"道"可道，非"常道"，历来翻译为："道"若可以称道，便不是那永恒的"道"。在翻译中加了"若"字，"道可道"这一肯定句便变成了否定句，意思也变成了"道"不可道了。

是否可以翻译为："道"是可以言说的，而一经言说，就不是那永恒的"道"？这样的翻译，无论在语言上还是在逻辑上也都是有矛盾的。虽然"道"可言说，但一经言说，就不是那永恒的"道"。于是，原来想要言说的"道"仍未能得到表达。然而，这不是语言表达或思想逻辑的矛盾，而是人类思维、认识和表达能力的有限性与宇宙本体无限性的矛盾。

我们怎样来理解这一章的意思呢？是否可以这样说：

"道"之可道与不可道，从认识论的角度看，不在于"道"这一方面，而在于我们的立足点如何。从宇宙本体看，"道"不可能被人类认识穷尽，"道"不可道。从人类认识和实践的能力看，凡进入我们认识和实践范围的天地万物，总是能被我们逐步认识、把握的。因此，"道"可道，但可道的只是"道"即宇宙本体显示在或进入人类认识和实践范围的部分，也即是非"常道"。因此"道"可道，非"常道"，"名"可名，非"常名"。这两句话提出了宇宙的有限与无限、可知与不可知这两个基本的哲学范畴及这两个范畴的有机统一问题。

在这短短的十一句诗中，老子做出了对宇宙本体的基本判断，也就是提出了老子哲学的基本问题。第一，老子肯定了"道"的存在，也即宇宙本体的客观实在性，如，"道可道"，"无名，天地之始；有名，万物之母"，都明确表达了宇宙本体的客观实在性。第二，老子明确指出了宇宙本体的无限性。他以"常无""无名"等概念来表达永恒和无限性的观念。后面还有"无极之外，复无极也"等诗句也是宇宙本体无限的思想观念之表达。第三，老子以"妙"与"玄"来表达客观世界运动变化的特征。"妙"与"玄"即奥妙无穷的运动变化。第四，这奥妙无穷的"道"具体到人类的认识范围中就是可以认识的。"常有，欲以观其微"，"观其徼"就是看清、分清世界万物的具体差别，也即明确表达了人类面对的具体可感的客观世界是可知的。第五，客观世界的客观实在性无论从什么角度去看都是统一的、同一的。"此两者，同出而异名，同谓之'玄'。玄之又玄，众妙之门。"

总的来讲，《道德经》首章所包含的哲学思想用现代思维来理解，可以得出如下的结论：本体论与认识论的有机统一；无限与有限的有机统一；形而上与形而下，即抽象与具体的有机统一；运动变化与规律性的有机统一。在这种种有机统一的基础上，可以全面深入地认识老子博大精深的哲学思想体系。

另外，还有一点要说明的是，老子把常无与常有、无名与有名这两对概念放在同一个层次上来论述，只是把它们看作名称上的不同，未能指出两者无限性与有限性的根本差别，对后人理解老子的思想是有妨碍的（当然，也可能在老子的思想观念中并没有对宇宙本体的终极存在性状和现实世界之无限性与有限性的区别，只是关注了"同出"的一面，而忽视了其无限与有限的差别性）。用"常无""无名""自然"来指称宇宙本体，都不会造成思维混乱。而用"常有""有名"来指称宇宙本体，就会使人分不清抽象与具体、无限与有限的区别了。"常有，欲以观其徼"，这是现实世界的有差别境界；"有名，万物之始"，这是世界的具体化。从任何一个角度看，这有差别的、具体化的现实世界都是有限的世界，实际上也就进入了人类认识和实践的范畴，而这个范畴是具体的、相对的、有限的。从认识论的角度看，那"常无""宇宙本体"是一切事物的本源，也就必然是人类认识活动及其对象的源泉；而"有""有名"则包含着各种各样的具体内容，包含着人类认识活动的起点、过程和结果。

因此，"无名"与"有名""常无"与"常有"不是对等或同一的关系，而是源与流的关系。作为宇宙本体终极存在性状的常无、无名、自然是不可称道、不可冠名、没有差别的，是无限的。而"有""有名"都有着具体的内容，属于人类认识和实践的范畴。在这个范畴中，宇宙万物各别不同、有始有终，生灭变化千差万别，可以称道言说、冠名，是具体而有限的。同时，它对人类的认识和实践有着直接的、现实的、实在的意义。而这个"常有""有名"的范畴源自"常无""无名"，两者密不可分，并且是直接同源的。

由此使人想到所谓"整个宇宙是无限的"这句话，它在语法上并没有错误，但在逻辑上则是错误的，因为"整个"和"无限的"两个词在概念上是矛盾的。"整个"就是全部，这是个封闭性的概念，是一个有限的范畴。宇宙本体不能设定限制词，尤其不能设定数量上的限制词。只有满足了这个条件，"宇宙本体是无限的"这个判断在逻辑上才是成立的。如果走得再远一点，"宇宙本体"都可以理解为是用有限的概念来表达无限的内容，因为用到概念、语词就总是有限的。但为了把话讲出来，也只能采用"道可道，非常道"的方法了。

第十四章

视之不见，名曰"夷"；听之不闻，名曰"希"；搏之不得，名曰"微"。此三者，不可致诘，故混而为一。

其上不皦，其下不昧，绳绳不可名，复归于无物。是谓无状之状，无（物）[象]之象，是谓惚恍。

迎之不见其首，随之不见其后。执古之道，以御今之有；能知古始，是谓道纪。

翻译：看它看不见，叫作"夷"；听它听不到，叫作"希"；摸它摸不着，叫作"微"。这三样东西不能彻底区分，所以合而为一体。

它上面并不光明，它下面也并不昏暗，幽微渺茫难以名状，重新回归到那一无所有的元始境界。这叫作没有形态的形态，没有迹象的迹象，它就是"惚恍"。

迎着它，看不见它的前头；跟着它，看不见它的后尾。掌握自古即有的"道"，来治理当今天下，便能认识太古的元始，这就是"道"的规律。

这一章是老子对宇宙本体的认识和描述，基本观点仍然是肯定宇宙本体的客观实在性，也指出了人类对于宇宙本体的认识的局限性和非终极性。当人的认识企图指向宇宙本体的终极状态时，就会产生"其上不皦"的情形，那宇宙本体就变得幽秘不显、无形无迹、不可捉摸，即"无状之状，无象之象，是谓惚恍"。而当人的认识关注身边具体事物的时候，宇宙本体又有着"其下不昧"的一面，是可以认识、把握、捉摸可知的。老子通过对大量事物共性的研究，来揭示宇宙本体显现在人们面前的基本特点和规律，也就是老子的"道"的概念的一个基本含义。而对这个基本规律的研究，就构成了老子哲学的基本框架。所谓"迎之不见其首，随之不见其后"，乃是论断宇宙本体的无限性；那"绳绳不可名，复归于无物"的状态，也就是"道"趋向"常无"的特征。混而为一之"一"，为唯一、绝对的意思。我们可以理解为宇宙本体的无差别境界。宇宙本体为绝对存在，无法比较，不可比较。

第二十一章

孔德之容，惟道是从。道之为物，惟恍惟惚。惚兮恍兮，其中有象；恍兮惚兮，其中有物。窈兮冥兮，其中有精；其精甚真，其中有信。自古及今，其名不去，以阅众甫。吾何以知众甫之然哉？以此。

翻译：大德之人的行为，只以"道"为遵循。"道"作为一种存在之物，它恍恍惚惚，若有若无。惚惚恍恍啊，惚恍之中却有迹象；恍恍惚惚啊，恍惚之中却有实物。幽深渺冥啊，化生万物的精气蕴含在其中。

这精气可十分真确啊，它里面有着实实在在的内容。从远古到如今，它的名字永未离去，凭借它可以认识万物的元始开宗。我凭什么才知道万物伊始的情状呢？就是靠的这以"道"为遵循。

惟恍惟惚，此为"道"之不可道、不可名之处；"惚兮恍兮，其中有象；恍兮惚兮，其中有物……"这就是"道"之可道、可名之处。老子在这里非常巧妙地阐述了宇宙本体的无限与有限、可知与不可知的奥妙所在。

"道"恍惚、不可捉摸，这是就宇宙本体终极存在性状而言；而"道"又具有客观实在性，所谓"象、物、精、真、信"是也，此又是"道"之可道可知之处。

老子讲"道冲"，重"道"的虚空性，而又讲在"道"的恍惚中有"象、物、精"，其"象、物、精"乃"真"，乃"信"。因此，老子也没有否定、忽视"道"的实体性、实在性。宇宙本体乃是无限的虚空性和实体性的有机统一。

第二十五章

有物混成，先天地生。寂兮，寥兮！独立而不改，周行而不殆，可以为天（下）［地］母。吾不知其名，字之曰"道"；强为之名曰"大"。大曰"逝"，逝曰"远"，远曰"反"。

故曰：道大，天大，地大，（王）［人］亦大。域中有四大，而（王）［人］居其一焉。人法地，地法天，天法道，道法自然。

翻译：有一物体，混然而不可分，在天地形成之前即已产生。它寂静而无声，空虚而无形！是唯一的存在，永远不会改更。它循环运行，永无止怠，可以作为天地的命根。我不知道它叫什么名，只给它取了个字号叫"道"。倘若硬要给它起个名，便只好叫它为"大"。叫它"大"，是说它一往直前；一往直前，是说它广阔辽远；广阔辽远，是说它又返回到本原。

所以说，道大，天大，地大，人也大。宇宙间有四种大，而人是其中的一大。人效法于地，地效法于天，天效法于道，道效法于自然而然。

本章形象而精彩地描述了宇宙本体的特征。首先，宇宙本体与自身同一，无差别、无分化而浑然一体；其次，宇宙本体是产生天地万物的本源，是绝对的存在；最后，在人们的眼中，宇宙是周而复始、无限循环地运动变化着，即"大、逝、远、反"是也。

宇宙本体是一极，天是一极，地是一极，人也是一极。老子把人放到了与天地、宇宙本体相等同、相对等的位置，这是人本主义思想的明确表达。同时，老子还明确提出人法天地自然的思想观点，用现代人的眼光看，也就可能直接指向科学精神。然而，老子提出人法天地自然的观点，是指人事方面而非生产实践方面，这是中国传统文化的特点。也正是由于这个原因，中国并没有在自然科学方面走在世界的前列。再联系老子反对智巧的观点看，老子肯定是反对科学技术的发展的。老子提出人法天地自然，就是认为人的本性是天地自然赋予的自然禀性，主要表现为俭朴、实在、没有过分欲念的品格。因此，老子讲天、地、自然，主要还是以之规范人事的，这与儒家的出发点是一致的。

但是，老子讲人法天、地、自然，并没有要人们把天、地、自然当神灵来敬奉崇拜。老子认为天、地、自然是自在的、自然而然的，没有像人一样的主观意志，也说不上对人有什么要求、指令。人法天、地、自然，是要人去认识天、地、自然，认识"道"，并使自己的思想言行符合"道"。所谓"天道无亲，常与善人"，因此，在老子那儿，我们看不到宗教迷信，也看不到盲目崇拜，没有一丝一毫的神秘主义和宗教神学的踪迹。在这一点上，老子具有十分鲜明的自然或天然理性精神。

从以上摘录介绍的道家哲学本体论思想观点来看，道家的哲学本体论思想十分明确，也比较完整，而且境界高妙，论断透彻，难以超越。所谓道大、天大、地大、人亦大，人法地、地法天、天法道、道法自然，把有限的现实世界和无限的宇宙本体融会贯通了。怎么来理解呢？那就是人、地、天属于有限的现实世界，道是现实世界的升华并使现实世界趋向无限的宇宙本体。在这里，宇宙本体就是自然或者叫惚恍、无名、常无，等等。道在这里是中介、过渡。当老子讲人法地、地法天、天法道、道法自然时，就是现实世界循着道趋向宇宙本体的终极存在性状，也就是由形而下之领域进入形而上之领域；当老子讲道生一、一生二、二生三、三生万物时，就是由宇宙本体终极存在性状之源显现为现实世界之流，道即由形而上之领域进入形而下之领域。因此，道家哲学本体论思想是一体看待世界，一体看待形而上和形而下之领域，一体看待感性领域和理性领域的；有限与无限、抽象与具体、感性与理性、形而上与形而下，等等，都是相通的。在道家哲学中，实体世界是混一无二的，不认为世俗世界短暂易变不真实，因此也不认为有一个永恒不变的理性世界或神的世界。

道家哲学本体论思想可以成为重建本体论的重要参考，甚至应该进入新哲学本体论的基础和核心内容。

第二部分

重建哲学本体论的原则

第四章
重建哲学本体论的原则

一、继承与超越的原则

重建本体论，既不能把传统的西方哲学本体论原封不动地拿起来炒作一番，也不能把传统的西方哲学本体论一概否定、弃之不用。如果仅仅是把传统的哲学本体论内容重新拿起来热闹一番，那是毫无意义的，它绝对不会对指导现当代的精神文化发展有多少意义，否则它就不会遭解构、被抛弃了。如果把传统的西方哲学本体论一概否定、弃之不用，那是对人类历史文化的虚无主义态度，只有无知的狂人才会这样。传统的哲学思想、传统的哲学知识体系凝聚着人类历史发展长河中巨大的智慧和文化成果，蕴含着无限丰富的思想文化财富。脱离了人类历史文化的发展源渊，我们什么事情也干不成。没有对历史文化传统的继承，就谈不上人类历史文化的创新和发展。前人的思想文化成就，是后人思想文化创新和发展的基础和前提，但没有新思想、新观念的产生，重建也是一句空话。

二、中西方文化融合的原则

重建本体论不能把立足点和眼光仅仅放在西方人的角度上，也即是说，欧美人在解构传统哲学本体论后，已经没有能力，也没有足够的智慧来对哲学本体论有什么大的作为了。我们应该把立足点和眼光放到全人类的视野上，着重要把东方哲学，尤其是中国哲学的境界引入新的本体论中来，那重建后的哲学本体论一定能够展现出新的面貌，无论是科学与宗教，都将无法对之构成任何威胁。新的哲学本体论将不再冠以西方哲学本体论之名，而是要超越西方哲学本体论，同时也将改变西方哲学本体论的历史宿命。西方传统哲学把世界区分成现象世界和理念世界，并认为理念世界是实在、实体世界，是真实永恒的世界，而现象世界只是理念世界的折射，具有不确定性和虚假性。重理念世界、轻现象世界是西方传统哲学的普遍现象。而事实上，宇宙本体是浑然一体的，中国古人把它称为混沌，十分形象。把世界分为各种领域、各个层次只是人类认识世界、改造世界（或者说与世界沟通交流）的需要，是人类主观能动性的表现，就客观世界而言，其自身是浑然一体的。重理念世界，轻现象世界即现实世界，确实会在哲学上产生种种悖论，产生种种谬误，最终必然是走向宗教神学。在中国的哲学观念中有一句名言，叫形而上者谓之道，形而下者谓之器。这形而上与形而下的两个领域其实是一以贯之、上下贯通的。我们不应该把世界看成是凌乱、分裂而互不相关的，而应该是统一的、互相联系的、共存共生的。只有这样，我们的观念体系才能达到逻辑事理上的圆融性和思辨上的彻底性、究竟性相一致。要克服西方传统哲学本体论的缺陷，必须要充分发挥中国哲学、东方哲学的优势。中国哲学从学理性来看，从来就是与宗教神学划清界限的。即使是从印度传入中国的佛教，其宗教理论佛学也既不提倡偶像崇拜，也不宣扬上帝创世之类的观念。佛学中对佛的境界、性状的阐述，与哲学本体论中的宇宙精神、宇宙本体之终极存在有异曲同工之妙。而中国道家哲学把"自然"作为宇宙本体之终极存在来看待，具有无与伦比的恰当性，是对西方哲学本体论极好的修正甚至超越。尤其是在西方哲学中备受讨厌的绝对无限问题，在中国哲学思想中却被普遍接受，而且这被认为是本来如此、自然而然的事情。所谓"无极之外，复无极也"，所谓"天下万物生于有，有生于无"，所谓"其大无外，其小无内"，等等，论断的都是"绝对无限"问题。当然，中国哲学缺乏完整的体系结构，缺乏清晰的逻辑脉络，需要借鉴、参照、结合西方哲学的优势特点。通过中西方哲学思想的交融互补、取长补短，再融入当代世界最新、最先进的文化成就，新的哲学本体论将因显示文化发展的全球全人类性而进入一个全新的境界。

三、与宗教神学和科学主义划清界限的原则

重建本体论，要完全与宗教神学和科学主义划清界限。宗教信仰讲究的是盲目服从，首先要笃信无疑，才能谈得上其他东西。而且宗教信仰的基本特点就是吹嘘自己全知全能，没有它解决不了的问题，但它所开出的长期空头支票永远也不会向你兑现。人们都认为，宗教神学只关乎信仰，而我们看到的现实是：宗教一普及化、大众化，首先就是要捞钱，而且总是要和迷信勾结起来，宗教神学的世俗核心利益就是一个钱字，它的所有宣传、说教，都带有某种欺骗的性质。所有物欲的肮脏性，宗教神职人员都具有（少数圣徒不在此例，但是凡人中高尚之士也不少啊）；所有的精神圣洁性、高尚性经由宗教的宣扬，体现出一定的欺骗性。所以，宗教神学关于"世界是什么"问题的解答，都带有编故事的性质，完全不具有哲学思辨的意蕴。从理性思辨的角度看，宗教论断不值得重视。哲学与宗教神学划清界限，那就是要让哲学探索、哲学思辨完全独立自主地走自己的路，而绝不需要宗教信仰来对哲学理性进行任何的诱导和干扰。哲学本体论绝不能像宗教神学一样对世界进行非理性的、经不起任何推敲的判断或论断。哲学本体论关于世界的观念或结论，

必须具有体系自身的自洽性、解释世界的圆融性、对人类所涉及问题和领域的完全覆盖性以及在主客观两个方面的相应相称性，并且其在理性思辨和感性实证上的统一性要能够完全相容、互相协调、互为补充，这样才能体现出新的哲学本体论的真正价值。因此，哲学本体论与宗教神学划清界限，就是排斥与对立的关系。这主要是针对两者关于世界的思想观念而言，作为两种文化领域或两种精神现象，两者还是会长久地共存共生的。

哲学本体论与科学主义划清界限，并不如人们想象的那么简单。从本质上讲，科学与哲学存在着内在的千丝万缕的联系。从文化发展史的角度看，科学与哲学相伴着走过了数千年的历程，并且同心协力，共同繁荣发展，共创了许多光辉灿烂的文化成就。可以说，哲学曾经充当了科学的先导，而科学又反过来证明了哲学的先见之明。但也正是两者的这种关系，导致了现当代西方的哲学本体论为科学所取代。划清哲学与科学的界限，就是要使两者各行其是：科学在实证领域发展，而哲学在思辨领域发展。新的哲学本体论已经没有必要再去具体描述世界，也不要去具体研究物质的什么不可再分割的结构单位，等等。哲学本体论不去干科学能够干的事，而要去干科学干不了的事。哲学本体论回答"世界是什么"的问题，与科学回答"世界是什么"的问题，不在同一个层次上。哲学与科学绝不能互相替代，也不应该互相越位。英国近代哲学家罗素曾经说过，从某种意义上讲，哲学介于科学和宗教之间，这是从三者回答"世界是什么"这个问题的不同态度而言的。科学总是要解决具体问题、实际问题的；哲学则总是具有思辨性、抽象性、概括性。总体来讲，科学对哲学而言，具有基础性的作用，没有科学知识、科学真理、哲学无从谈起，但仅仅局限于科学知识，科学真理，又要哲学何用？凡是具体性、相对性的实证领域中的问题，都应该交给科学去解决，哲学只对科学成就、科学真理进行积极的批判、质疑、评价。这还只是哲学思辨的行程开端，到哲学思辨行程的高端领域，科学对之是完全望尘莫及的。

然而，哲学消灭不了宗教，哲学也不能完全脱离科学。哲学与宗教的关系大概是长期并存，在互相辩难中发展，但是哲学绝对不应该为宗教作注，不应该成为宗教的宣传工具。哲学与科学具有逻辑承继性和逻辑一致性的关系，哲学仍然对科学发展具有指导性作用，但不能代替科学的具体研究工作，不能代替科学做判断。而科学对哲学而言仍然具有基础性的作用，哲学思想、哲学观念绝不能与科学真理发生逻辑矛盾。

四、理性面对宇宙本体的无限性问题的原则

新的哲学本体论应该打破西方传统哲学中关于"恶的无限"的魔咒。西方传统的哲学观念始终排斥、拒绝所谓无理的无限、不可把握的无限、绝对的无限。从主观上看，这是一种自欺欺人的态度；从客观上看，这完全不符合实际状况，是西方传统哲学在逻辑上的致命伤。中国哲学从来不排斥宇宙本体的绝对无限性，而且把宇宙本体的绝对无限性看作普遍的现象、自然的实在性状。历史发展到今天，我们可以断言，凡是有限的领域、有限的事物，都可以由科学来解决，有理的无限则只要数学手段就可以把握，而哲学的天然本性是要在绝对的无限中任意挥洒、畅想遨游。在西方文化中，宇宙本体的绝对无限性问题似乎是交给宗教神学去解决的。事实上，如果宇宙本体是有限的，那我们早晚有一天要穷尽真理。在穷尽真理之后，人类还有什么奔头呢？正因为宇宙本体是绝对无限的，所以人类才有永不停步向前发展的无尽可能性。再强调一句，如果宇宙本体是有限的，那就真的不需要哲学而只要有科学就足够了。

以上关于哲学与宗教神学、与科学及科学主义划清界限以及要理性面对宇宙的绝对无限性问题的原则，主要是针对西方传统哲学本体论的

局限性而言的。但仅仅做到这一点还远远不够。

五、对人类自身要有准确而恰当的定位的原则

首先，我们要确认人类是自然生成而不是上帝创造的，这是理性的哲学本体论与宗教神学划清界限的前提条件。在西方传统哲学中，这个问题历来是模糊不清的，因此在很多哲学观念上出了问题，导致传统的哲学本体论无法继续前行。事实上，在西方文化中，从科学观念看，人类属于物种自然进化的系列，但是人文科学，包括哲学思想，却认为人类是神的创造物。虽然人文主义把人的价值提高到了至高无上的地位，德国的费尔巴哈也断然否定了上帝，而肯定人类的自生性，但是，人文主义在西方文化的发展中因科学主义的泛滥而逐渐被抛弃，被仅仅当作某个历史阶段性的文化成果而被放入了历史博物馆。西方文化在总体上并未能真正、完全确立人类的独立自生性，未能完全彻底地使人类在精神上摆脱对神性的依赖。

其次，要完整、统一地看待人自身。具体而言，就是要把人的身心看作统一的而不是分裂的，更不是对立的。西方传统观念是高扬人的心灵，贬低人的身体，甚至把人的身体看作罪恶之源。笛卡尔的"我思故我在"的"我"，就着重指心灵之我，而不包括身体之我。然而，正因为笛卡尔把心灵之我、思之我当作唯一的实在，所以他必然使自己的最终哲学依据落到了上帝处。也就是说，笛卡尔的哲学之根是扎在宗教神学中的。无独有偶，康德的理性之我其实也是排斥身体之我、肉体之我的。看看康德的全部人生，我们可以知道，康德与苦行僧比毫不逊色。因此，康德的"实践理性"的最终依据，也把上帝请了出来。这就是西方传统哲学最大的历史局限和最大的非理性缺陷。在确定了人的身心统一问题后，人的理性与感性的统一、灵魂与肉身的统一、精神与肉体的

统一问题也就迎刃而解了。人自身是一个完整的存在物，其各个方面的属性都和谐共存于这个统一体中，我们不能自说自话地把人自身所具有的本质属性相割裂，并使之相互对抗，无端地推崇精神，贬低肉体，高扬心灵，诋毁身体。西方传统思想观念把人的身心分裂看待，肯定心而否定身，最终都必然走到宗教神学中去。

人类还应该知道自身具有积极的主观能动性，可以超越自身和现实世界的局限性。就是说，人类在自身发展的过程中，总能不断超越现实的限制，永远不会停滞在某一个水平上。然而，人类自身只是一种有条件的存在方式，有其自身固有的、不可能改变的局限性。也就是说，人类自身作为有限的存在物，不可能与宇宙本体等量齐观。在人类力所能及的范围之内，人类可以把自身看作万物的灵长、宇宙的精华；在人类力所能及的范围之外，人类如何对自身定位还真说不准。因此，人类要完全、彻底、绝对地认识和把握世界是不可能的。人类认识世界、改造世界是为了创造自我生存和自我发展的条件，离开了人类自我生存和发展的需要，就没有了衡量人类认识和实践活动是否有价值的标准。再进一步看问题，如果人类什么时候真的获得了绝对真理、终极真理，那么，这也就意味着人类的生存发展走到了自己的尽头，终极真理将终结人类的发展历史。

人类还不能以自身的存在方式为标准来自说自话地限制宇宙中各种不同的其他存在方式。人类可以用自身的存在方式的特征来看待与自身有关的存在方式，并在力所能及的范围内与各种不同的存在方式沟通、交流、转换。但就宇宙本体而言，则包含着无数种存在方式，有的存在方式与人类可以相通，有的存在方式根本就与人类的存在方式不会发生任何关联，也就不存在人类对之认识把握的问题。从这个角度看，所谓的绝对真理或终极真理都是思辨功夫不到家的哲学家们的幻想，没有实现的可能性。

最后，还有一个具有基础性、关键性意义的问题，就是空间与时间性质的确定。传统的哲学时空观随意性太大，各说各话，导致哲学本体论的很多基础性问题不能得到根本性的解决。因此，我们在构建新的哲学本体论框架前，必须首先确立全新的空间、时间观念。

第五章
重新认识空间的哲学意义

一、空间的绝对存在性、无限容纳性和无限渗透性

空间问题在学术上历来处于莫衷一是的状态。也就是说，人们对于空间问题的认识并不一致，很多哲学著作对空间问题往往语焉不详，即使有所探讨，也往往是以偏概全，各取所需。下面我们来考察分析几种关于空间问题的认知：

1. 空间是物质的广延性，具有三维的特征，是物质的存在方式。

这是哲学教科书上的一般讲法。说它错也错不到哪儿去，说它对却让人有种大谬不然的感觉。物质与广延性两者根本无法搭配。所谓物质，应该是对现实世界的最高抽象和概括，再往上超越的话，几乎可以与宇宙本体相提并论，有兴趣的人去看看列宁关于"物质"的定义就可以明白其中的道理。而广延性则是具体实在的存在物的属性，只能与具体事物，或者说个别的存在物搭配。事实上，讲三维空间就趋向于用有体积的事物的长、宽、高来说明问题了。这样的空间问题认识，离开哲学境界甚远而趋向于进入数学、物理学领域了。

2. "空间""依附体"指一物所占的位置或处所，如：人在台北或高雄。"在哪里"之问题的答案便是空间。

这是由台湾辅仁大学哲学教授邬昆如主编、由中国人民大学出版社

出版的《哲学概论》中对于"空间"范畴的阐述。首先，讲"空间"只是依附体，就显然具有方向性错误。其次，讲空间仅仅是位置或处所，这可不应该是哲学教科书应有的学术档次啊。大凡有点基本常识、脑筋正常的人都知道空间具有处所或位置的性质，然而这不是哲学中关于空间范畴的全部或基本内容，连细枝末节都算不上。空间的本质特征难道可以论定为依附体吗？在世界万物与空间的关系中，难道是空间依附于事物吗？事物可以有生灭消长，空间有生灭消长吗？山可以不存在，水会不存在，某个天体会不存在，空间会不存在吗？该《哲学概论》出版于 2009 年，是一部当代的出版物，对空间范畴的表述竟然如此简单不着调，可见，在学术界，空间问题研究处在何等低级的混乱状态。

德国大哲学家康德也对空间和时间有过精彩的论述，并且把空间和时间作为他的认识论的两大逻辑基石。康德说道：空间无非是外感官的一切显象的形式，也就是说，是感性的主观条件，唯有在这一条件下，外部直观对我们来说才是可能的。康德并不是从本体论的角度来探讨空间问题的，而且他断然否定空间的客观性，这也是不能令人接受的。但他对空间问题的论述却似乎比别人高明了一些，然而他实用主义地对待空间问题，把空间论定为人类在认识领域的先天直观的条件，是人类认识的主观条件，离开了人类的认识活动，空间就什么也不是。空间的独立自存性和客观实存性在康德看来是无法理解和不可思议的。

由上可知，历来的哲学思想对空间问题包括时间问题没有透彻的理解和定见，谁想怎样说就怎样说，各取所需，为我所用，甚至闭着眼睛，乱说一气。正因为西方传统哲学忽视了对空间问题的寻根究底的思辨探讨，仅仅把着眼点放在无法把握的观念性、精神性的实体、实在、本体的范畴上，对空间的思辨性特征持否定的态度，所以西方哲学在无限范畴上望而却步，不敢承认宇宙本体的绝对无限性。

空间是现实世界得以存在的先决条件。我们讲的现实世界，首先就表现为一个或大或小的空间范围。例如，地球、太阳系、银河系等，或者是某个国家、地区、区域等，它们都表现为空间范围。哪怕一个人、一棵树、一粒沙子，哪怕是一个最小的粒子单位，它也总是一个空间范围。因此，空间具有显而易见的独立自存性。这是现代本体论关于空间问题与传统哲学截然相反的结论。空间的独立自存性并不需要复杂的论证和高深的学识见解才能理解，而是不证自明的。在现实世界中，万事万物都有各自的独立自存性，但万事万物都有各自的生灭过程，都有各自的生灭条件，都有各自生灭的因果性。也就是说，每一个事物都会从存在走向不存在，都会在这个世界上消失，唯有空间不会消失，唯有空间的独立自存是永恒的、无条件的、绝对的。我们现在可以回过头来谈为什么说把空间当作依附体是错误的。这里就要讲到空间与存在物的关系问题了。我们简单明了地想一想，在空间与存在物之间，到底谁依附谁？事实很清楚，某一个存在物可以消失，但该存在物所占据的空间位置并不会随之消失。就具体问题来看，空间是承载者，存在物是被承载者。实事求是地讲，承载者是载体得以存在的先决条件。空间具有绝对的独立自存性，而所有的相对存在物都仅具有相对的独立自存性，空间不需要依附于相对存在物，这是不言而喻的。这个道理，我们从佛学中对"空"的绝对肯定、对具体事物的绝对否定也可以得到一点启发。当然，佛学中的"空"的观念并非仅仅是空间的意思，甚至并非哲学上的空间范畴，而是有着更丰富的含义。在佛学的"空"观念中，包含了无限的可能性并包含着无限的勃勃生机，事实上与我所指的宇宙本体的终极存在性状有着异曲同工之妙了，不是容易理解的。至于空间与具体事物的关系，则具体事物总是存在于空间之中，包容于空间之中，并且具体事物也总具有一定的空间结构形式和空间表达形式。空间与存在物总是相对相生、虚实相间的。不占据空间位置的存在物是不可想象的，而没有存在物的纯虚空也是不现实的，纯虚空只是抽象思辨领域中的逻辑设定。佛学都不讲纯虚空。纯虚空在佛学中叫作断灭空，不是正见，是边见。而我们在思维中把所有存在物、存在状态都层层分离出去以后，唯一无法再进一步分离的就是纯虚空的空间。无论怎样去思考、去抽象、去剥离，唯有虚空的空间总是站立在人们的面前。当然，哲学上谈论纯虚空，只是在思维中把现实世界的万事万物一路抽象蒸发到极端的状态时，才发觉那个纯虚空是抽象蒸发不了的，那儿必须是一个绝对肯定。哲学上的纯虚空就是这么一回事。于是，我们论定空间具有绝对的独立自存性质。

在空间具有绝对的独立自存性的基础上，我们还必须确认空间的外在的无限容纳性和向内的无限渗透性。所谓空间的容纳性，就是种种不同的具体的相对存在物总是处于一定的空间场所之中，并且在共同的空间场所中，不同的相对存在物具有特定的空间关系。从各个相对存在物自身的角度看，具体相对存在物也具有自身的特定的空间范围。从另外的角度看，具体相对存在物也总处于某一个特定的空间场所中。例如，从平常事物看，一个人、一幢房子、一条河、一座山都有其自身的空间范围，也有其所处的空间场所。从宏观天体或微观粒子看，也都有其自身的空间范围和所处的空间场所。就我们所知道的所有世界万物，远到天边，近至眼前，无不处在某个空间范围之中。而且更令人不可思议的是，我们无法对无边无际的空间划一个界限。如果有人说多少多少亿光年的距离是空间的界限，我们马上可以设问，在这个距离界限之外是什么？空间范围是否还能扩展出去？按我们对天地世界的了解或理解，其他的内容不好说，纯虚空的容纳性范围肯定是要扩展出去的。人类思维有一个奇怪的特性：在某些领域，它可以完全抛开实证，自由翱翔。空间的无限性是不可能用实践来一劳永逸地证明的，但在我们的思维中，却因为不能为空间设定范围极限而认定空间是无限的。当我们假设在宇宙的某一处有一极限，以任何方式都无法逾越时，我们的思维却在思索，那极限之外是什么。

这就是空间的外在的无限容纳性的基本性质。

所谓空间的无限渗透性，意味着任何一个相对存在物，无论微观到何种程度，空间的虚空性总是使空间能够渗透到它的内部去，空间总是和任何一种存在物、任何一种存在方式叠加在一起。在客观世界的万事万物中，都存在内部结构问题，有内部结构就必然存在着内部的间隙，有内部间隙就有空间虚空性的渗透。如果以太阳系为一个考察单位，则空间的虚空性特点就呈现在人们的眼前，我们就是被包容在太阳系内部的虚空性之中。如果以一个原子为考察单位，则空间虚空性的渗透特征我们必须借助电子显微镜才能观察到，那电子绕原子核运动，没有空间虚空性的余地是不可能的。总之，凡是有内部结构的事物，就必然有空间虚空性的渗透。而且，即使是没有内部结构的事物，也仍然有空间虚空性的渗透。按我们现在所具备的知识来看，所谓各种各样的"场"，就是无间的事物。"场"的内部是连续的、没有间隙的，然而"场"却是和空间无隔阂地叠加在一起，任何事物都可以和虚空的空间无限地叠加在一起。中国古代哲人有一句名言，叫"无有入无间"，把空间的无限渗透性讲到了淋漓尽致的透彻程度。

空间的绝对的独立自存性、无限容纳性和无限渗透性，是空间所具有的哲学意义的精髓，也是最具有争议性的所在。按传统的观念，空间属于天地之间的范畴，应该在有限的领域之内，而且空间因存在物而有意义，如果离开了具体存在物，很多思想家就不愿意再谈论空间问题。因此，空间问题就仅仅在数学和物理学中被重视，在哲学中则长久地被忽视了，这就导致了哲学中现实世界范畴和宇宙本体终极存在范畴之间缺掉了一座桥梁。空间作为宇宙本体终极存在范畴通向现实世界的入口，或者说现实世界从宇宙本体中凸显出来的作为思辨行程开端的意义被忽视了。仅仅依靠观察、实证，无法得到空间的绝对的独立自存性、无限容纳性和无限渗透性的结论，而必须在这个基础上进行超越性的思辨和直觉，才能领悟到空间在这方面的特征。这是空间在可能性、思辨领域的性质。而空间和现实世界中所有哲学范畴不同的是，空间范畴的可能性领域和现实性领域是直接贯通的。因此，我们才可能从有限性、具体性的领域中来观察、探究空间范畴在现实世界中的具体特征。

二、空间是现实世界中万事万物的基本特征

空间是现实世界中相对存在物的普遍属性之一。任何一个相对存在物都有其一般的空间特征和具体的、特有的空间特征。讲一般的空间特征，乃在于任何一个相对存在物都在一定的空间场所之中，都和其他相对存在物结成一定的空间关系，都具有自身特定的空间结构内容和空间表达形式，以及在一定的空间关系中所处的特定的空间位置。

空间作为相对存在物的范围与界限，是相对存在物的直接实现。任何一个相对存在物，总有其独立的存在范围和界限，否则它就不可能是独立存在的实体，也不可能与别的相对存在物相区别。比如，一座山、一条河、一头猪、一条狗，乃至大到太阳系，小到一个原子，都有其自身独有的空间范围和界限。一个相对存在物个体就是一个闭合的空间范围。在这个空间范围之内还有着内容丰富复杂的空间结构问题，也就是内空间问题。不同的事物的内空间特征表现为不同的内部结构关系。这个闭合的空间范围和界限之外，就不属于这个相对存在物了。然而又正是这个范围的界限，成为该相对存在物与外部世界、与其他相对存在物的接触点、结合面。

在每一个相对存在物范围之外，仍然是空间的内容，是该相对存在物的置身场所以及与其他相对存在物结成的特定的空间关系。这个空间关系包含着极其丰富的具体内容，如距离远近、引力大小、运动轨迹的

曲直，等等。事实上，一个相对存在物的独立自存性，并不仅仅依靠自己的实然性存在来证明，而是在特定的、具体的空间场所中与其他相对存在物的参照比较中表现出来的。这也是现实世界之相对存在的特征在空间问题上的体现。

把空间问题再向具体化的方向上前进一步的话，就要涉及空间的维度问题了。具体的空间维度问题应该是数学和物理学的课题，然而数学和物理学因其自身的局限性，对空间维度问题的研讨达不到透彻究竟的境界。从哲学的高度来评价数学和物理学关于空间维度问题的结论，那只能用"小儿科"这个词来形容了。关于空间维度的传统经典表达，就是所谓的三度空间，也即长、宽、高这三个维度，与我们日常的经验是相吻合的。讲三度空间并不错，只是三度空间的意义只在于日常的实证的领域，是通过观察的实证得到的，并不需要依靠哲学思辨来领悟。稍微讲得深一点，维度只是以粒子为结构基础的相对存在物的空间结构特征。那个一维线、两维面、三维体的空间观念，就是这么一回事。而相对存在物的存在方式绝不仅仅只有以粒子为结构基础这一种，物质场也是相对存在物的存在方式之一，可能还有种种我们没有认识到的存在方式。因此，空间就其本性来讲具有绝对存在的性质，绝对肯定性和绝对无限性也是空间的基本属性，那么，空间的维度也必然是任意的、无限的。

讲到现在，我们似乎还没有给空间范畴下过一个明确的定义。那么，我要直率地讲，我给不出空间的明确定义。空间由于在本性上具有绝对的、无限的性质，所以空间无法下定义，我们尽可把它看作不言自明的范畴。空间具有与宇宙本体的终极存在性状直接相通连的性质。事实上，我们正是通过空间容纳性和渗透性的绝对无限性和绝对肯定性来近似地把握宇宙本体的特征的。当然，我们不能把空间就当作宇宙本体。就世界万物与空间的关系来看，空间是属于现实世界的，尤其是当我们开始把握空间范畴的种种具体规定性时，当我们认识到空间是我们不可分离的存身场所时，空间范畴就肯定立足在现实世界之中了。然而，我们关于宇宙本体的思想，是通过对现实世界的思辨超越而来，如果没有对空间容纳性和渗透性的绝对无限性和绝对肯定性的认定，"无限"和"绝对"这样的理念就产生不了。正是我们的思辨对空间问题的考察，才使我们的眼光从具体的事物投向看不见物体的空间，但不是用眼睛来看，而是用心去感受，用思辨、思想去探索，最后，依靠智慧，使我们的思维、思想超越空间意义去领悟宇宙本体绝对存在之意义。因此，空间范畴是我们的思辨行程在绝对存在领域和相对存在领域之间的一座不可或缺的桥梁。

三、现实世界中空间范畴的几个具体特征

1. 事物或物体空间的间断性和连续性特点

当我们分别看待各种不同的事物或物体时，它们都有各自的空间界限。例如，一座大山或者一所大厦，它们都有各自的空间范围，出了那座山或房子的界限，就不属于那座山或房子了。具体的事物或物体即使大到如太阳系乃至银河系，也总有它们自身的空间界限，或是小到原子、电子，也还是有与其他物体相区别的空间界限。这每一个事物或物体的空间界限，就是事物或物体的空间间断性。在空间上具有间断性特征的事物或物体总是有限的。然而，事物或物体的界限又是事物或物体与外界、外物的联结点。事物或物体的空间界限既使自身保有完整性和独特性，又使事物或物体与外界、外物在空间上联结起来，这就使事物或物体在空间上又具有连续性的特征。无论是谁在宇宙中都无法找到一个在空间上绝对独立又不与空间或任何其他事物相联结的东西。

以事物或物体与其所处场所的关系而言，两者在空间上也总是密不

可分的，事物或物体总是处在相应的空间场所之中。一事物成为其他事物、物体的空间场所，在宇宙中也是十分普遍的现象。因此，同样一个事物或物体，从不同的角度看，它有时是事物或物体本身，有时又可以成为其他事物或物体的空间场所。从这个意义上讲，事物或物体的空间也呈现出连续性的特征。如果抛开具体的事物或物体不谈，单就空间场所而言，则空间场所具有连续不间断的、无限性的特征。我们站在任何一个空间场所往四面八方出发，这个空间场所永远不会中断，也永远不会有尽头。因此，空间的连续性和无限性特征在空间场所上得到了最充分的展现。人们在日常生活中，也总是把空间场所作为一般的空间来看待，把事物或物体当作具有物质内容的东西来看待。而事实上，事物或物体总是与空间场所连在一起的，事物或物体总是被包容在空间场所之中，小到一个原子，大到人类发现的所有星系，也总是被包容在空间场所之中。因此，所谓的宇宙大爆炸，也必须在一定的空间场所中发生。于是乎，大爆炸的宇宙也就成了具体的事物或物体；于是乎，大爆炸的东西也就不能称之为宇宙。至于有没有那个大爆炸，则又当别论。

2. 事物或物体的空间相斥性和相容性

现代物理学告诉我们，物质存在具有两种基本状态：一种称为激发状态，就是以有质量、有体积的实物粒子为结构基础的事物和物体；另一种叫非激发状态，就是以场的形式存在着，物质场一般被认为没有体积，没有质量，连续不断。处于激发状态物质形态的事物或物体在空间场所中具有排斥的特征。例如，一定容量的空间场所容纳了 A 事物之后，就不一定能容纳 B 事物或其他事物。人们的感官能够感受到的，绝大多数是具有空间排斥特征的事物或物体，即那些有质量、有体积的事物或物体。我们只要想想自己在衣、食、住、行中所需要的各种物质资料，就能很好理解地这个问题了。比如，讲一辆汽车只有几个或十几个座位，超过这个座位数的人进去了就嫌挤，再增加人数的话，就可能挤不进去了。其他种种诸如此类的情形，就是由于有质量、体积的事物或物体的空间相斥性特征所致。

而处于非激发状态的事物在空间上则总是呈现出相容性的特征。所谓非激发状态的物质存在，就是指那些以场的形式存在的事物，例如，电磁场、引力场、其他各种能量场如热量，等等。这些场态事物的一个共同特征就是其自身没有质量和体积，类似于体积方面的特征就是整个场的作用范围。而各种场的空间特征就是在同一空间场所可以叠加在一起，非但场与场在空间上相容，场与有质量、有体积的物体在空间上也可以是相容的。事实上，以我们人类认识的能力而言，可能我们对各种场态事物还知之甚少。随着人类认识能力的进一步发展，对于场的具体特征和空间相容性特征还会有新的发现。

当然，以上所举作为场态存在的事物与有质量、体积的事物或物体不是相互对等的关系，而是场态事物从属于粒子态事物或物体。无论是电磁场、引力场、热能还是其他各种能量，都是太阳、地球等天体所固有的属性，场态事物是太阳、地球等有质量、体积的事物或物体的产物。当然，这些派生的产物也是事物的一种表现形态。我们猜想，是否也有那种独立自存的场态事物，它们不依附于有质量、有体积的事物或物体，而是作为原生态的存在，与有质量、有体积的事物或物体相对等、相依存、相转换？如果有这样的场态物质存在，那它们的空间又将呈现怎样的特征，倒真可以让人做无尽的遐想了。我想一定会有的，宇宙之所以无限，就因为宇宙蕴含着无穷的可能性。而在人类只能当作可能性的东西来猜想时，对于宇宙而言根本就是现实性。在宇宙本体那儿，可能性与现实性根本就是合二为一的。

3. 维度是具体事物或物体的空间特征

传统的空间概念认为空间是物质的广延性特征，具有三维的性质。现代物理学则把时空结合起来表述，叫四维时空。细细考察，宇宙本体的空间特征只有唯一的容纳性特征（空间的渗透性与容纳性在性质上实际是一回事）。作为具有容纳性的宇宙空间，不存在维度限制问题。也就是说，宇宙本体的空间维度是任意的。探讨维度问题，只局限于有质量、有体积的世界万事万物。讲到三维空间，一般总是讲物体具有长、宽、高的空间特点。具有标准长、宽、高的物体在几何形式上一是正方体，一是长方体。所谓的长、宽、高可以从正方体或长方体八个角中的任意一个角的顶点引出。从单独的一个角看就是一个墙角，在这个地方，所谓的维就是一条线，因为是长、宽、高三条线，所以就叫三维空间。当然，从实物来讲，三维只是一种最简单的特征。在掌握各类事物或物体的具体空间特征并进行相应的物体制造、运动轨迹的控制、运动变化的把握时，仅仅掌握三维的特征是远远不够的。

三度空间是一个大约如此的约定，以正方体为例，它的 8 个角的顶点各引出长、宽、高 3 条立体边，实际上有 8 个三维。按中国传统的观念，就叫六合之内、六合之外。一个正方体有 6 个正方面，每个正方面有 4 条边，因此，8 个三维计有 24 条边，6 个正方面也是 24 条边。如果排除重合的边不算，一个正方体应有不相重合的边框 12 条。如果我们把正方体的 8 个角底对底、背挨背拼合在一起，就是 8 个角为同一个顶点，全方位地向外引出 24 条射线，就相当于一个球体拦腰一剖为二，纵向剖为四等分。更形象的比喻就是把 8 个立体坐标全方位地拼合在一起，如果排除重合因素，有互相独立的 6 条射线。

从 24、12、6 这三个数字看，它们都是 3 的倍数。从简约的角度来说，用三维空间来表达有体积的事物或物体的空间特征，一般而言是最简明的。然而，一旦遇上不规则体积的物体，仅仅掌握长、宽、高三维根本无济于事。标准球形就很难说它是三维特征。一个球的大小由直径决定，从这个角度讲，球的空间特征又是一维，一个球是由无数条相同的直径组成的。从这个角度讲，球的空间特征是无限维数。

如果从事物运动变化的轨迹来看，则维度变化更加复杂。从天体运动看，例如地球绕太阳旋转，是作线性圆周运动。单从这个角度看，其空间特征似乎是一维的，然而，从地球与其他行星的关系看，地球不光受太阳引力的制约，同时也受其他行星引力的影响。因此，地球绕日旋转的轨道的形成，乃受多重因素的制约，这里的空间维度特征就很难说是一维还是三维的了。我们还知道，原子的内部结构是由电子和原子核组成，电子绕原子核旋转，但电子的旋转轨迹是不定的，从电子旋转轨迹的可能性而言，将会形成一个旋转球面，则电子运动的空间维度特征也应该是无限的。

所谓三维空间，其实是对有质量、有体积事物或物体的空间特征的简要概括，而绝不是宇宙本体一般的空间特征。事实上，讲三维空间，就是说有质量、有体积的事物或物体是立体的，也就是说，以实物粒子为结构基础的世界万物总是立体的，总是有体积的，三维空间的表述只有在这个基础上才有意义。因此，三维空间特征对宇宙本体而言并非基本属性，并无普遍意义。如果我们人类对世界万物的空间特征认识仅仅局限在三维的范围内，那真正叫作作茧自缚了。

因此，即使是以实物粒子为结构基础的世界万物，其空间特征也并不仅仅表现为三维，而是由各种事物或物体的具体特征表现出各种不同的维度特征。那种以场的状态存在的事物并无质量、体积可言，其空间特征表现为相容性，也只能视为具有任意维度的性质。再进一步考察，所谓事物与物体的维度问题，乃与人类的实践和认识有关，从维度的角度来观察和把握有体积的事物或物体，是人类把握外界事物的最一般手段。我们在实践中用一维、二维、三维来表达事物的空间特征，与我们认识事物或实践的目标有关。大家知道，在现实世界中，纯粹的一维线和两维平面是不存在的，它们是人们的思维从三维物体中抽象出来的。为什么呢？这就与人们的目的有关。比如，讲从甲地到乙地的距离，人们就只要用一维的长度单位来表示即可，两地的距离不需要考虑长、宽、高三维的特征，只要知道一个长度就够了。而场地的面积问题则是一个两维的特征，事实上你要到现实中找一个纯粹的平面是没有的。但是，场、广场、路面等，我们就只要考虑两维面积就行了，不会去注意面积后面的厚度问题。如果是建造一所大厦，则离不开立方体的问题，至少必须考虑三维空间的特征。一座大厦最基本的是容积大小，这是三维空间特征；其次是内部结构、建构问题，这就会涉及多维空间特征；还有艺术造型问题、装饰美化问题等，就必然会进入任意维度的空间特征领域。

总而言之，三维空间或者多维空间虽然是客观事物或物体固有的空间特征，但主要还是要看人类怎样去认识和把握它们。事实上，事物或物体的维度特征多样性是既定的、客观存在的，只是人类认识和把握这个维度特征的多样性需要一个过程。认定以实物粒子为结构基础的事物或物体具有三维空间特征，只是人类在空间问题上把握客观世界的一个基本而实用的手段，而绝不是宇宙本体在空间特征上的基本性质。

第六章
论时间本性

　　时间是一个古老的问题，时间又是一个很现实的问题。有史以来，人们对于时间的把握，似乎只是在时间的运用方面堪称卓然有成效，而在哲学认识方面，也即对时间本性的把握上，却总是含混不清，有着很深的误解。一般而言，人们总是把时间看作与空间一样，认为时间具有独立自存的性质，把时间看作实体性存在，认为时间是世界万物及其运动变化的承载者，就像我们人生在地球上，必须脚踏着大地才能生存活动，而世界万物则必须脚踏着时间或者说附着在时间上才能运动变化。在此前提下，种种奇怪的谬论不胫而走，欺骗世人，有借助神通的，有借助科学的，种种面目，不一而足。在科学方面，霍金的《时间简史》堪称一绝，然而流毒最广，欺骗性最大。我们中国也历来把时间比作长河流水，孔夫子亦有名言曰："逝者如斯夫，不舍昼夜。"事实上，人们把时间看作某一种实体乃是一种普遍的错觉。传统的时间观念认为事物是在时间中展开运动变化的，时间与空间一样，也具有对具体事物的容纳特征，当具体事物消失后，容纳该事物的时间还会按自身的特点继续流逝。因此，曾经广为流传着这样一个科学假设，即我们如果能够乘上超过光速的时光列车，就能追上我们已经死去多年的祖先；或者，我们可以通过时光隧道，回复到过去的历史。类似的假设在霍金的《时间简史》关于时间旅行的论述中也讲得很明白。这样的时间观念，就是把时间看作单独存在的实体，历史事件和事物在这个实体中展开，并且时间还能够把历史事件和事物永远保存。如果我们能够以更高的运动速度，即超过光速的运动速度来追赶这个持续流逝的时间实体，就能够回到过去的时间和事件中。似乎历史事件或事物依附在时间上，只要沿着这个流逝的时间加速往前追赶，总能追赶上这些历史事件或事物。事实上，这种假设都是借助科学的形式产生的荒诞而虚幻的胡思乱想。我们可以确凿无疑地断言：时间没有独立自存的客观实在性，而只是世界万物的普遍属性，它只存在于现实世界中，即只存在于各种具体事物的此岸世界，而不存在于宇宙本体终极存在的彼岸世界。

一、时间的定义

关于时间的定义，我们稍后再作论述。我们先来看一下我们是怎样来使用时间、表达时间的。实际上，我们是以地球为基准来表达和运用时间的。我们的时间单位就是地球自转和绕日公转所移动的单位空间距离。所谓一天，就是地球自转一周的空间距离；所谓时、分、秒，也就是地球自转一周距离的相应的等距离分割；而月、季、年等则是地球自转一周的距离的叠加，或者地球绕日公转一周距离的分割或叠加。人类社会任何其他计时手段的运用，最终都要归结到地球自转和绕日公转这一基准点上。

明白了地球的自转和绕日公转就是时间表达的基本内容，我们就可以切入时间本性的主题了。地球的自转和公转运动是一个不断循环往复的持续过程，而这个持续过程的基本特征就是持续存在。那么，世界上的万事万物无论其他内容如何千差万别，也都有一个持续存在的过程，如人有从诞生到死亡的一个持续存在的过程，一座建筑物有一个从建成到被使用到被废弃拆除的持续存在过程，如此等等。世间万物，或长或短，总有一个由生到灭的持续存在过程。而世间万物的持续存在过程，就是时间本性。所谓时间，就是世间万物的存续性及存续性的表达和量度。因此，时间是世界万物客观存在的普遍属性，而不是外在的、独立自存的某种实体、某种存在物。时间只具有从属依附性，而不具有独立自存的实体性。在时间概念的定义中，包含着客观和主观两方面的内容。从世间万物的存续性自身而言，乃是时间概念的客观本性；从存续性的表达和量度而言，是时间的客观本性为人类所认识、掌握和运用。然而时至今日，人类掌握和运用时间已经到了收放自如的境界，而对时间本性的哲学把握却实在令人不敢恭维。

世界万物各有其自身的存续性，而只有地球的存续性才能为人类提供衡量世界万物的存续性的时间尺度。这里面有着非常深刻的必然性。地球作为人类的生存基础，是人类不可以有一刻脱离的。从最直接的关系来看，人类乃是地球发展变化的产物。人类成为宇宙的精灵，可能不仅仅是地球这一个因素的结果，但人类又恰恰是在地球上产生的。人类的生长发展过程要适应地球的环境，并且要随着地球环境的变化发展而进化。人类生命的存在方式更是与地球环境和地球的运动变化息息相关，人类任何时候都在与地球进行着物质和精神交换。从时间的角度看，地球的昼夜变化和气候变化对人类的生命运动变化和生理活动变化有着决定性的作用。而人类的生命运动变化和生理活动变化既受制于地球的昼夜变化和季节气候变化，也就必然地与地球的变化相对应、相呼应。于是，人类的生命活动周期和生活活动周期也必然地与地球的运动变化周期有着内在的关联。而人类在现实生活中所直接接触和生活于其间的万事万物也都包容于地球的存在之中，于是，地球范围内的世间万物的存续性就都包含在地球的存续性之中。以地球的存续性作为时间的衡量基准，具有最大的贴切性、最大的包容性和最高的权威性。因此，以地球的存续性来衡量、表达、量度人类及世间万物的存续，从而形成人类的时间概念和建立起人类的时间体系，也就成为没有选择的必然了。

从地球本身的状态看，地球的存续性特征天然地就是时间的表达、时间的体现，天然地就是时间衡量的基准、标准。地球的存在状态当然可以从各个不同的角度和各个不同的层次来看待；地球的存续性也不单单体现为时间标准。地球的存续性背后其实包含着世间万物包罗万象的运动变化内容，而作为时间本性和时间量度的存续性表达，则是把千差万别的存续性背后的具体的运动变化内容抽象蒸发后留下的它们共同的东西，即从产生到持续存在到终结的过程形式。也即是讲，任何事物都在这个过程形式的规范之中，地球也在这个过程形式的规范之中。凡是具有实在内容的存在物，都脱离不了这个规范。而对这个过程形式的体现和量度，就是时间。简单地讲，时间就是将世间万物的具体运动变化内容进行抽象蒸发的存续性及其表达和量度。

地球的存续性和世间万物的存续性是同质的，所以地球的存续性必然可以量度世间万物的存续性。而且，地球的自转和公转的存在状态特征，使地球的存续性天然地具有量度世间万物的存续性的资格。我们知道，存续性之"产生、持续存在、终结"的过程形式，使得量度这个过程形式也必须是"产生、持续存在、终结"的过程形式，那么，地球的自转和公转就恰恰是这种过程形式的恒常循环。一个昼夜是一个小循环，一年四季是一个大循环。无论是小循环还是大循环，都可以进行无限的等量分割或叠加，从而使得地球的存续性作为衡量或量度世间万物的存续性，可以趋向无限的精确化。

我们知道，现在通行的时间表达是 1 天为 24 小时，1 小时为 60 分，1 分钟为 60 秒。那么，1 小时的实际内容就是地球自转了 1/24 圈，1 分钟就是地球自转了 1/1 440 圈，1 秒钟就是地球自转 1/86 400 圈。从中我们可以看出：1.时间的流动实际是以地球转动中的空间位移来表达；2.地球是以匀速自转运动为基础来表达时间的；3.一天以内的时间表达对应的是地球自转一周周长的等距离分割。

地球自转一周的长度是既定的，即40 075. 15公里。地球一般总是匀速旋转的，于是，对地球而言，运动速度、运动距离和时间表达是三位一体的。经换算，地球的旋转速度为每秒463. 833米。于是，我们的计时钟表如果按相应的比例，与地球旋转同步移动，就能够准确计时了。于是乎，时间就被简单明了地表达在了钟表的刻度和指针的移动上面。

时间的本性就是如此简单明了，然而却一直被人们误解。无论是一般平民还是学问家，哪怕是哲学家，始终未能对时间做出正确合理的解释。为了纠正人们在错误的时间概念误导下所形成的虚幻认识，我们必须在把握好时间本性的前提下，对时间本性的基本内容有所阐述。

时间概念是世界万物运动变化，包括人类自身生命过程的持续性特征在人类思维中的反映。由于时间概念的形成，人类认识世界的思维活动才有了进一步发展的可能，并能用时间概念这一思维工具来指导改造世界的活动。一般动物没有时间概念，对周围环境变化和自身的生理变化节奏只有本能的反应，所以动物的大脑活动最多只有条件反射，形不成意识。人类则有自身特定的时间体系以及关于这个体系的时间概念，因此，人类可以对以往任何具体事物进行时间连续和时间间断的认识和分析，从而能够对具体事物进行分解研究和整合概括。人类可以利用时间框架体系的综合特征，把各不相同的事物在自身的时间框架体系中排列成先后有序的时间序列。随着人们生产劳动活动范围的扩展和分工的发展，以一天为单位的时间划分已经不能协调和组织共同的生产劳动了，就产生了"时"的时间单位，对地球一昼夜的旋转周长作等距离划分。从中国古代一直沿用到近代的一天内的时间单位是"时辰"，即一天等分为十二个时辰，时辰之下再划分为"刻"。而罗马记时法则把一天分为二十四个小时，一小时分为六十分钟，一分钟分为六十秒。时间单位划分得越细，说明人们对事物的认识越精准，认识世界、改造世界的程度越深入。向大的方面发展，就是地球昼夜变化的周期重复到一定的次数，构成了一个新的周期，就是"月"的时间单位。这个时间单位的出现，标志着人类对客观世界的认识达到了一个新的高度。它把地球自转和月球绕地球旋转的周期进行统一考察，从地球和月球的相互作用中了解地球上各种自然现象、生物现象以及人的生理变化节奏各因素的相互关系、相互联系。由"月"的时间概念到"季"的时间概念，是发展到"年"的时间概念的过渡。但"季"的时间概念作为特别的时间段来讲，表示了气候的规律性变化和万物生长的规律性变化，在人类认识世界和改造世界中也具有非同小可的意义。"年"的时间单位的形成，乃是人类时间框架体系全面构建完成的标志。从天到月到年，乃是地球自转周期整数、月球绕地球旋转周期整数、地球绕太阳旋转周期整数的完美重合，也是人类个体生命生长发育和人类社会历史发展的一个基本节奏的时间周期。

时间概念的形成和发展，蕴含着人类社会全部的发展历程，也显示了人类认识世界、改造世界的能力和水平由低级到高级再到更高级的全部过程。人类社会发展到今天，人们已经可以不再仅仅依靠实物参照进行时间表达了，并可以在抽象的思辨中任意处置时间观念，任意进行时间组合，把时间从各种具体事物中抽象出来单独考察，也可以把抽象的时间概念赋予具体事物，还可以对具体事物的运动变化设定时间限制。然而，正是由于人们可以在某些状况下"自由处置"时间，他们得出了"任何事物都在时间中运动变化"的错误观念，把时间当作事物运动变化的载体来看待。正确的表述应该是：任何事物的运动变化都有时间特征。这就是说，时间是属于运动变化着的事物的，而不是相反。没有脱离具体事物的时间实体，抽象的时间概念是意识、观念的产物。因此，"事物在时间中运动变化"是一个合情合理的错误，在日常生活和一般的社会活动中，这样的错误观点一般不会导致不良的后果。但是，当我们要以之作为依据来思考或论断宇宙本体问题时，它就会导致人们得出荒谬的结论。

二、时间是现实世界的产物，它不具备独立自存的客观实在性

时间是现实世界的产物，宇宙本体的终极存在性状没有时间概念。因为宇宙本体无始无终，无法也不需要用时间概念来界定。有人可能会说，宇宙本体不是永恒的存在吗？那不就是伴之以永恒的时间？然而，这永恒的时间概念有什么意义呢？永恒的存在把过去、现在、将来完全融为一体，永恒的存在也消除了存续性问题，谈不上任何的时间阶段、时间差异。所谓永恒的时间，就变成了毫无内容的概念。宇宙本体既然永恒地存在，就没有生灭的过程，也就不存在持续间断或连续间断的特征。宇宙本体不需要证明或者表达什么，也无法用确切的时间概念来界定，而时间概念又恰恰越精确越能表达真切的内容。因此，在我们观察、思考宇宙本体的终极存在问题时，就找不到也不需要有一个确切的时间参考。

时间是现实世界的产物，它总是属于具体事物的，它显示具体事物的存在或持续性。现实世界中个别的具体事物，总有其产生到消失的过程，这个过程的持续性就是这个事物的时间。当这个事物结束其过程，从而在现实世界中消失后，属于这个事物的持续性也就消失，于是，属于这个具体事物的特定时间也就消失了，怎么可能会有带着这个具体事物全过程的时间继续流逝，奔向宇宙本体的深处呢？在现实世界中，我们找不到抽象的时间，也找不到客观实在的、独立自存的时间。讲时间总是某一事物、某一事件的时间，离开了具体事物的时间是找不到的。一般而言，我们用年、月、日等时间概念来界定某个时间段，总是讲某个事物、某种现象的时间段，而且总要找一个参照物作为时间的起点。例如，我们用纪元表示年代，公历以耶稣降生的那一年为纪元元年，以

此为参照基准，往前推就叫公元前多少年，往后顺就叫公元多少年。如果没有了任何参照基准，这时间就无法计算了。同样地，离开了具体的事物，时间无所依附，在没有内容、没有差别的抽象的虚实同一中，时间概念不能表达任何意义。

长期以来，人们都把时间与空间等同对待，所谓时空一体。然而，从哲学思辨的角度看，也即从时空本性看，一个明确的结论是：空间无限，时间有限；空间为主，时间为从。空间具有完全的、绝对的独立自存的性质，任何事物无不包容于空间之中。即使是空而又空的纯粹虚空的空间，其无所不在的容纳性和渗透性仍然是独立自存的，是客观外在自立的，任你用什么手段都无法将其消除。因为即使是在人脑的纯思辨中，也无法将虚空的空间抹去。而时间则不同，时间总是与具体的事物、过程结合在一起的。在没有具体事物、过程的纯虚空中，就没有时间的痕迹、踪迹。即使运用全部的思维手段或其他种种手段，离开了具体的事物运动变化过程，根本就找不到另外的、独立自存的时间实体。

我们必须明确认识到，时间不是某种独立自存的实体，不具有外在的独立自存的性质，而只是一种普遍共有的属性，它在客观实存的世间万物身上体现出来，依附于具体实在的世间万物，是世间万物的存续性的体现、表达和量度。也就是说，每一个具体实在的事物都具有自己的时间；或者说，每一个具体实在的事物都有自己的时间体现。进一步讲，每一个具体实在的事物只有和自己一体的时间，绝不可能附着或置身于外在的"时间"上运动变化。

然而，我们总会有置身于时间之中的错觉。事实上，世界上的任何一个具体事物总不会孤立存在着，在该事物的前后左右上下，总会存在着其他的事物及那些事物的运动变化过程。如果我们只看到了该事物与前后事物的顺序关系，而忽略了该事物与左右上下事物的共存关系，该事物就仿佛在时间中运动变化了。实际上，任何一个事物与外界事物的关系总是立体的而非线性的。在该事物之前的事物有其自身的存续性，这个存续性不会与该事物的存续性相连接；而该事物自身的存续性也不会传承给此后的其他事物。在生生不息的事物消长背后，并不是时间背景的支撑，而有其更深刻、更实在的宇宙本体永恒存在的基础。

当我们把一个事物放在与周围事物的关系中考察时，不能单单对共有的存续性进行参照比较，更不能把共有的存续性合并为同一的时间流。从实际状况看，我们最容易把人自身放在地球的时间中来考察。地球的存续性当然是我们人类及其他事物的存续性的基础，但是地球的存续性的依据与我们人类存续性的依据是不同的。然而地球的存续性却可以包容我们人类及依附于地球的其他万事万物的存续性，于是我们就认为地球的存续性可以取代我们人类及其他万事万物的存续性，于是我们就认为人类或我们每一个人都生存在外在的时间中，从而把时间作为客观事物的属性的性质实体化地独立出来，并把它当作世间万物运动变化的承载者或前提条件。这是错的。我们应该切记，世间万物、人类乃至每一个人，都具有不可替代、不能消除的自身的存续性，都有自身存续性的体现、表达和量度，即自身的时间。每一个具体存在物的时间随该物的产生而开始，随该物的运动变化过程展开而持续，随该物的消失即运动变化过程的终结而终止。不是事物在时间中运动变化，而是事物运动变化过程的存续性特征体现为时间。

由此，就说明时间不能脱离具体的事物及事物运动变化的具体过程而单独显示出实在的意义。时间总是具体事物及事物运动变化过程的体现、显现。即使我们不谈任何别的事物、任何别的具体的运动变化，而单单讲时间单位"一天""一小时""一秒钟"，也表达了一个具体的运动过程——地球的自转运动过程。无论你怎样抽象，都无法把时间所体现的具体内容与时间分拆开来。时间就是这么一种相对而具体的性质，离开了"天""小时""分""秒"这些量词，时间就无法表达出来。为什么呢？就因为时间到了这个程度，就不能再概括抽象了，它是各个有限的、具体事物及其运动变化过程的存续性的体现、表达和量度。时间的实在性就在于它的具体性。

三、时间总是具体的、相对的、有限的

时间必须通过现实世界的各种具体事物显现出来，它没有独立自存的基础，只是事物持续性的表现。事物消失了，也就意味着持续性的终结，时间也随之消失。这是时间总是具体的、相对的、有限的性质的根本原因。人们讲时间，总是讲具体事物的时间，总是讲某事物何时产生，到何时结束，其存续时间为多少年、月、日等。在科学实验中，某种粒子的存续时间为多少分之一秒。如果没有找到预期中的物质，也就没有该物质的时间表达。因此，时间总是某个事物的时间，随着这个事物的消失，属于这个事物的时间也就消失了。而现实世界的具体事物总是有生灭过程的，也就是有限的。于是，作为现实世界中具体事物过程持续性特征的时间就必然是有限的。离开了具体事物的时间在现实世界中没有任何意义。而没有时间特征的具体事物也是不存在的，没有过程的事物和没有事物的过程都是不可想象的。

由于时间总是具体事物的时间，总要有个明确的界定，因此时间又总是相对的。人们表达时间概念都必须带有明确的量词，用确定的时间单位来表达。讲时间总是有天、月、年，或者时、分、秒等具体明确的时间单位。我们讲 1 分钟、1 天、万分之 1 秒等，别人就能理解。如果你不带时间单位，不用量词表达，而只讲 1、2、3 等数字，虽然明确表示讲的是时间问题，别人仍然无法与你沟通，无法领会你讲的时间含义是什么。为什么时间概念缺了数量单位就无法表达呢？这是因为时间概念表达的是事物过程持续性的各阶段或全过程。表达事物各阶段的时间间

隔就是对事物全过程持续性的等量分割。而一般的时间概念的表达，可以理解为对现实的、有限的空间的等距离分割。

实际上，人类的时间概念是根据人类生存的地球的自转来确定的。在这里，时间表达受两个方面因素的制约，一是地球每天旋转的速度是均匀的；二是地球旋转一周的长度是不变的。这本身就是地球的旋转特征。地球的自转速度是既定的，自转圆周也是既定的。因此，地球自转的等距离分割和自转的叠加，就是人类最现实、最直接、最有效的时间表达。以地球自转一周的等距离分割，就是时间单位时、分、秒的表达；以地球自转一周的叠加，就是时间单位天、月、季、年的表达。以前有位哲学家讲时间就是钟表上的刻度。事实上，钟表指针的旋转速度与地球的自转速度是有着极精确的比例关系的。所谓时间及时间表达，就是有限空间的等距离分割，就是地球的自转方向上圆周的等距离分割。

四、没有无限的时间流

人们以往的观念总认为时间是无限的。为什么会产生这样的误解呢？主要是因为任何一个具体的事物及其运动变化过程，无论在它之前还是之后，总有其他事物及其运动变化过程存在过和继续存在着。这前后的事物及其运动变化过程似乎都占据了外在于它们的无限的"时间流"中的一段，这确实是一个不大容易理解的问题。我们从作为事物及运动变化过程的体现、表达和量度的时间本性来分析，无限的时间应该对应于无限的存续性。而无限的存续性是一个虚假概念，讲存续性就必定是有限的。因为存续性就在于有生有灭，没有一个从产生到持续存在到消失的完整过程，就不叫存续性，就无法对之体现、表达、量度。无限的性质是不可体现、不可量度的，而时间量度则是越精确、越精密越好，无法量度的领域就无需时间的存在。作为绝对存在的宇宙本体就不需要时间表达，也不需要时间量度。宇宙本体是无限的，既没有开始，也没有终结，谈不上存续不存续，而作为事物及其运动变化过程存续性表达和量度的时间，对宇宙本体终极存在之无限性是既不能表达什么，也无法量度什么的。

然而，那个"无限的时间流"到底意味着什么呢？那个"无限的时间流"乃是生生不息的实在世界中万物的生灭交替的无限性的体现，当人们把它当作时间看待时，是一种观念的"错觉"，而这个生生不息也只是一个比喻性的说法，它是既没有开始也没有终结的，根本不能把它看作"时间"的流逝。这个实在世界的背景是宇宙本体，这个实在世界的承载者是宇宙本体而绝不是时间。也正因为作为绝对存在的宇宙本体是无限的，才会有生生不息的实在世界中的生灭交替的无限性。所谓的"无限的时间流"，其实正是宇宙本体的特征显现。只有宇宙本体，才是世间万物生灭变化的永恒背景、永恒的承载者。宇宙本体作为绝对存在是包容一切，无所谓变与不变、流动与静止。世间万物可以在宇宙本体中变化流动、产生消失。所谓"无限的时间流"，实质上乃是无限的实在世界的运动变化流，而不是在这个实在世界之外另有一个时间流在承载着这个运动变化的实在世界。无限的实在世界的运动变化流总体并没有生灭过程，也不显示时间的特征，承载着这个无限的实在世界的是无限的宇宙本体。

时间作为世间万物所共有的属性，需要在比较参照中体现出来。实际上，时间就是一个比值关系。如果没有参照比较，时间本身也就没有了意义，即使就地球自身而言，在地球一天天、一年年的运动变化中，地球自身的各方面的存在状况也在发生着变化，那各方面的一天天、一年年的变化程度就和地球的自转公转有着相应的对应关系。这就是一种参照比较，也有着确实的比值。对人类社会而言，不同的活动需要不同的时间量度的精确度，有的以年、十年、百年乃至万年为单位，有的则以秒、千分之一秒乃至万分之一秒为单位。那么,这个时间的比值关系是什么含义呢?如果我们从事或关注的事物运动变化周期是一天,则意味着地球自转运动了40 075.13公里;如果我们从事或关注的事物运动变化周期是1秒钟,那就是地球自转移动了463.833米。就地球作为时间参照的基准而言,时间表达、运动速度、距离变化是三位一体的,所以我们平时的时间比值关系并不要指明地球在转动中移动的距离,而只要用地球自转一周的等距离分割即"时""分""秒"就可以了。

五、时间变化的基本特点

时间有螺旋式发展、周期性循环的特点。以前人们认为时间是直线型流逝的。孔夫子曾经把时间比作一条河:"逝者如斯夫,不舍昼夜。"时间如流水,是人们常用的比喻。细细地考究,时间是螺旋式发展、周期性循环的。从实际的基准参照物地球的自转和公转运动看,就是典型的周期循环运动,而人类的生命过程中经历的生长发育阶段也是一个个的周期循环。社会历史的周期循环则显得纷繁复杂,但也有迹可循,比如社会再生产的周期循环、社会治乱兴衰的周期循环,等等。然而,任何事物的每一次的周期循环都不是简单重复,而有其每次周期循环的特定内容,所以说是螺旋式发展的周期循环。

时间也只有在螺旋式发展的周期循环中才有实际意义。如果不是螺旋式发展,只有简单重复的周期循环,时间也无法把握。讲时间总要有一个时间段,即事物运动变化的起止点。从起点到终点就是一个循环周期,从新的起点到另一个终点又是一个循环周期。这两个循环周期的起点和终点都不是简单的重复,新的循环周期的起点、终点、运动变化的过程与原来的循环周期都会有所不同,就体现为时间周期循环的螺旋式发展。

　　事物运动变化过程的起止点之间就是时间段，没有起止点就无法表达明确的时间概念。时间概念的作用，就是在事物运动过程的持续性中反映事物不同的运动变化内容。也就是说，事物运动变化的过程与均匀有序的时间刻度相对应，就是时间表达的基本含义。事物运动变化过程的持续性特征具体表达为时间刻度，这是同质的；事物运动变化的内容则总是有差异的，尤其是事物的产生和终结，其反差是不言而喻的。这过程持续特征的同质性与过程运动变化内容的差异性，乃是构成时间表达的基本要素。具体事物生灭过程的运动变化反映在不同顺序的时间刻度上，就构成了该事物的实质上的时间概念。如果没有事物运动变化及生灭过程的差异性表现，时间表达就失去了实际内容，时间就似乎停止了，实际上也就消失了。

　　正由于同质的事物运动变化过程的持续性，反映和记录下事物运动变化内容的差异性，才能显示出时间所具有的特征。无论是地球自转还是人类生命过程的周期循环，在持续性上总是同质的，而每一次周期循环内部和每一次周期循环之间，又总是有差异的，这就是时间具有螺旋式发展、周期性循环特征的根本原因。正因为无差异的、不变的事物没有时间特征，而没有时间特征的事物在现实世界中是不存在的，所以，人类认识极限之外的宇宙本体没有时间属性。因为人类认识极限之外的宇宙本体无始无终、纯一而无差异，我们仅仅判断为唯一的特征就是存在，其他不能下断语。在可能什么都是又可能什么都不是的情况下，我们无法对之言说更多的东西。中国古代的哲人老子曰"无""常无"，又说"吾不知谁之子、象帝之先"，讲的也是宇宙本体永恒存在、无始无终、不具时间特征的意思。

　　人类的时间体系还是世界万物的时间参照标准。我们认为没有脱离各种具体事物的客观单一的时间实体，而不同的事物在时间上并没有内在的承继性，那为什么在现实世界中，各种事物有一个时间上的先后顺序呢？这是因为有了我们人类的时间体系。人类把现实世界中的万事万物的生灭过程纳入自身的时间体系，而这万事万物的所谓先后顺序，与其自身运动变化过程的时间特征已经没有任何关系，只不过是人类以自身的时间体系为参照，给它们打上了人类时间特征的印记。那个看似客观的时间实体，乃是人类社会发展过程持续性的时间量度和表达。由于人类社会发展具有客观实在性和主观能动性的双重特征，因此，人类的时间框架体系能够把世界万物的时间特征融合、统一为一个完整的时间体系。这是人类认识世界、改造世界的前提，也是人类把纷繁复杂的世界万物纳入认识、思考、研究范畴的前提。

六、时间的快慢与时间的不可逆性

弄清了时间是相对比值关系的道理，就可以明白物体运动速度与时间快慢成反比例关系的原因了。作为人类时间的参照物，地球的时间是既定的，我们对于时间快慢的比较有一个惯常的比值，这个比值的实际内容就是地球自转中移动的一定距离对应于人类活动中事物运动变化的变化程度。如果地球自转一周，事物运动变化过程也刚好是一个周期，那么以此为标准，如果地球自转一周，事物运动变化过程完成了两个周期，则时间相对变慢了；如果地球自转一周，事物运动变化仅完成了二分之一个周期，则时间相对变快了。也就是说，相对于加快了的事物运动变化速度，时间量度变缓慢了；相对于减缓了的事物运动变化速度，时间量度则加快了。这个原理对人类的生命历程特别有意义。例如，一般而言，一个人的受教育历程为小学六年、初高中六年、大学本科四年，共计十六年。但如果一个特别优秀的学生小学仅用四年，初、高中仅用五年，大学本科只用三年就完成了全部学历教育，相比较而言，该学生就为自己增加了四年的有效生命。

所谓时间快慢问题，一般而言，只对人类的生命历程和人类社会的发展有意义。使时间变慢，使我们的生命延长，关键在于提高我们人类有意义的活动的效率。在地球旋转的单位周期内，我们的生活内容越多，生命历程越丰富，劳动创造效率越高，社会的发展水平提高速度越快，地球的时间量度就相对越慢，也就实际上延长了我们的生命周期，延长了我们的寿命。

时间变慢，不在于地球降低旋转速度，而在于以地球为时间基准的世间万物的运动变化速度的提高。对于无意识、无生命的事物而言，无所谓时间的快慢。即使是有生命的一般动物，也不可能对时间快慢有什么主观追求，对时间的流逝，不过是本能适应而已。只有人才在乎时间的快慢。对于一般庸人而言，时间确实过得飞快，一辈子没有做几件正经事，几十年一晃就过去了。古人云："有志不在年高，无志空活百岁。"对每一个人而言，时间过得快与慢，体现了完全不同的人生境界。

由于时间之于人类有着特殊的意义，因此时间的一个显著特征"一维性和不可逆转性"似乎只有和人类的存在方式联系起来看才有意义。所谓时间的"一维性"，即时间只有"开始、持续存在、终结"这样的单向流逝，或者叫"过去、现在、未来"的单向流逝。这样的单向流逝与人类生命历程的单向流逝是完全一致的。时间的一维性与空间的多维性形成了鲜明的对比。空间的多维性在于我们无论处于哪一个原点位置，都可以向任何方向运动前进。空间提供给我们的联想是球体式的扩展、膨胀，而时间给我们的想象是直线式地向前后两端伸展。而且，时间必须依附于具体的存在物才有实际意义。如果时间离开了具体存在物，也就失去了"开始、持续存在、终结"这个时间特征的内在规定性，时间也就不成其为时间了。事实上，当时间量度失去了具体存在物时，时间就失去了自身的意义而融入空间之中，那就是时空合一了。

时间的不可逆性在形式上是由时间的单向一维性决定的，更深刻的原因乃是人类生命历程的不可逆性。人类的生命历程总是一个从生命的诞生到生长发育到发展成长到衰老枯竭到结束这样的过程，而这样的过程是不可逆的。由于时间量度在不可逆的生命历程中具有最本质、最必然的性质，所以生命历程的不可逆性乃是时间不可逆性的本质上的决定因素。其实人类面对生命历程的有限和不可逆性是十分无奈又很不甘心的，然而我们应该明白，生命的意义不在于无限存在着，而在于生命历程或人生的生存发展过程中显示出来的生命本真的丰富内涵。

七、关于零时间和无限速度

我们还要谈谈零时间和无限速度的问题。零时间和无限速度历来被人们否定，尤其是无限速度，更是被现代物理学否定，因为爱因斯坦的相对论认为物质运动速度的极限为光速，而光速仅为每秒 30 万公里，如果某种物体的运动速度达到了光速，则该物体的时间量度为零。而我认为这个理论是有局限性的，它即使是正确的，也只限于相对论所涉及或包含的范围，并没有普遍的、绝对的意义。从宇宙普遍意义思考，则宇宙物质运动速度无极限，而时间量度则是有限的，其极限为零。

我们知道，速度等于距离除以时间。在这里，距离有时或更多的时候应该是事物运动变化程度的大小。我们首先来考察时间为零的问题。我们知道，地球在一刻不停地转动着，地球的转动位移距离是不可能为零。对于地球而言，其运动速度是每秒463.833米。这时候，运动变化和运动速度是三位一体的。而以地球时间为参照，如果以秒为时间单位，则就是把地球自转周长划分成86 400个小段或小格，每小段或小格的距离为463.833米。以此为对照，世间万事万物，其运动变化的存续性周期的时间就表达为地球自转移动的小格或小段（以下用小格表示），移动 1 小格为 1 秒钟，移动 10 小格为 10 秒钟，移动 60 小格为 1 分钟，以此类推。那么时间为零是什么意思呢？那就是事物运动变化的过程在地球每秒小格的一条刻度线上就完成了，于是，在地球时间刻度上无法显示具体时间数值。我们知道，在地球时间刻度上计时，在每一秒时间小格上，时间指针必须从小格左边的刻度线移动一小格到右边的刻度线上，这实际上就是地球自转移动了463.833米；如果时间指针仅在左边刻度线上没有移动，则时间表达为零。实际上，地球不会停止不动，也就是说，地球时间不会为零，而具体事物的运动变化过程却完全有可能在对应于地球时间小格的左边刻度线或时间小段的左边端点完成。也就是说，事物发生了运动变化，而地球时间却显示这个运动变化的量度为零。从哲学的角度说，也就是事物由量变到质变的那一刻（左边的刻度线），事物的变化速度为无限速度，时间量度为零，例如，生命的产生和终结那一刻、宇宙物质由激发状向非激发状态转化或反向转化的那一刻。还有的哲学家讲过"虚无"也是事物与事物间的界限，那这个事物与事物的界限所对应的时间也是为零。在这里，我们可以把零时间性状看作否定性因素。事实上，时间为零的状态在我们的现实世界中是普遍现象，只是由于人们缺乏这方面的思考与思辨，不去注意它罢了。

在时间为零的变化状态中，那变化速度就是无限速度。我们知道，一般的速度公式为速度等于距离除以时间。那么在这儿，公式要稍微改变一下，即速度等于变化程度除以时间。于是，我们可以看到，在一个事物向另一个事物转化的那一刻没有时间量度，也就是说，那一刻的时间量度为零。于是，这个等式的值可以被理解为无穷大。按理讲，当一个分数的分母为零时，该等式为无效。但是，在这里实际情况是，分数的分母确实为零，即时间量度为零，但分数的分子即事物的变化程度却绝不是零，也绝不是没有意义，而是发生了质的变化，发生了飞跃，这个变化程度在时间上没有量度、不可量度。对这个时间或者判断为零时间，或者判断为无限小时间。这两个判断无论取哪一种，这个分数的值即速度都应理解为无限速度。这个无限速度从哲学的角度来分析，则到处都可以看到无限速度的状况。一言以蔽之，两个不同的变化过程互相转换的那一刻，就是无限速度状况，那是动态的无限速度状况；而不同事物之间的区别、不同过程之间的区别也是无限速度的状况，那是相对静态的无限速度状况。

从物理学的角度看，无限速度状态也是普遍存在的。例如，物理学界公认引力效应的传递速度是无限的。那么，各种场效应呢？如电场效应、磁场效应等的传递速度是否也是无限呢？而在光电转换中，电子转化为光子、光子转化为电子的变化过程，其变化转换的速度也是无限的。事实上，无论在物理世界、化学世界、生命世界、无生命世界还是有机界、无机界，它们的种种运动变化过程、生成消失过程总会有无限速度的变化状态，或者说零时间的变化状态出现，这应该是世界万物中的普遍现象。机械运动只是一个特殊的领域，光电的运动速度不应该成为人类认识速度问题的终点，而只应当是人类认识速度问题的阶段性成果。当人类面临着反物质问题、暗能量问题的时候，光电手段就不灵了，而必须在光电手段的基础上继续朝前走。怎样突破光电手段的局限性，将是科学上升到一个新的境界后及科学走向未来必须解决的一个重要问题、一个基本问题。

第三部分

重建的哲学本体论建构

第七章
重建哲学本体论的总体设想

一、本体论还是要回答世界是什么的问题

我认为哲学本体论就是要从根本上探讨思辨世界是什么的问题。当我们从根本上来思考世界是什么的问题时，不是把目标定在为世界确定一个基本立足点上面。宇宙本体自满自足，世界自身或是宇宙本体不需要基本立足点。也就是说，宇宙本体并没有一种永恒不变的、具体的基本粒子或基本结构方式，我们不能回到传统西方哲学本体论的老路上去具体地描述世界。提示世界具体的实存性构成方式，应该让科学研究去解决，现代哲学本体论不应进入科学研究的具体领域。

一般人们都认为，对人类全部知识的最高概括和抽象就应该是哲学本体论的全部内容和最高层次了。其实不然，人类的全部知识还是一个有限的范围。这个全部知识的范围随着人类社会的不断发展会不断扩展，永远也不会停留在某一个水平上。然而，这个永不停步、不断扩展的知识范围面对宇宙本体，仍然算不上什么。并不是说它不重要、没有意义，而是说它不可能终结宇宙真理。

西方传统哲学本体论的缺陷，就在于仅仅停留在对当时人类全部知识的最高概括和最高抽象的层次，却对宇宙本体作以偏概全的结论，所以最终会回落到科学领域之中。就对人类知识的最高概括和最高抽象而

言，西方文化在古希腊时期就已经做到了最高境界。比如，古希腊哲学把天下万物看成由土、水、气、火四种物质构成的观点。按现代科学知识来分析，土、水、气、火应该不是指四种具体事物，而是指四种物态。这样的一种概括与抽象，即使到了现代科学知识的水平，就物态而言也就只能到此为止了。再比如微分聚散的观点、原子论的观点，基本上把世界万物的共性概括抽象到了极致的境界。无独有偶，印度的佛教也把世界万物概括抽象成由土、水、风、火四大物质组成。当然，佛教认为四大皆空，把世界万物看成虚幻的东西，这是与古希腊哲学不同的地方。然而，这样的一种概括与抽象，终究难脱就事论事的轨道。哲学本体论如果仅此而止，毕竟还要回落到具体的科学领域之中。果不其然，宇宙大爆炸论一出来，西方传统哲学本体论只能退出历史舞台。而形而上学本体论则完全背离、抛弃了实存世界，臆想出观念性的所谓实体、实在、本体，等等，则早就没有什么理论学术价值了。

现代哲学本体论应该是人类对自身所掌握的世界万物的知识进行最高概括和抽象后，再经过思辨和领悟所得到的看法或思想观念体系。这个思想观念体系不仅仅局限于人类对自身所掌握的全部知识或总体知识的最高概括和抽象，还必须对这个最高概括和抽象的思想观念体系进行超越。因此，逻辑推演只能在本体论关于现实世界的范畴中发挥作用，在超越了现实世界的范畴后，现代哲学本体论就必须是在我们发挥逻辑、思辨、直觉领悟等综合意识功能的状况下，才有可能获得恰当合理的思想成果。现代本体论要思考的问题与传统的哲学本体论是同样的，即回答世界是什么的问题。世界的具体蓝图在现代人的眼里和在古代人的眼里已经是大不一样了。然而，现代人和古代人的感受、感知世界的能力都总是有限的，在这一点上，现代人与古代人比好像没有什么根本性的改变，未来人与现代人比，应该也不会有什么根本性的改变。那么，现代本体论要超越这个有限性，不能像传统的西方哲学本体论那样，只在人类所能感受到的范围内对世界进行判断或论断，也并不能仅仅是为这个范围内的世界寻找一个原点或基本结构，不能像形而上学本体论那样背弃、脱离实存的现实世界，而是要在这个范围的基础上超越这个有限世界，来继续我们的思辨行程。就像老子所言"先天地生，为天地母"，我们必须审视、思考这个"先天地生、为天地母"的世界。也就是说，我们人类的感受、感知能力只能在天地之间，这就是科学的局限性，而在天地之外或天地之上的世界，现代本体论也是不能回避的。那么，现代本体论所要关注的对象、所要关涉的领域，就必须包括我们人类自身、天地之间、天地之外这三大层次。事实上，当我们从哲学本体论的角度谈论宇宙本体的时候，就包含着人类自身、天地之间、天地之外这三个层次。当然，这三个层次就其自身而言是浑然一体、绝对同一的。只有当人类作为认识主体与宇宙本体对话时，这三个层次的差别才是有意义的。

二、关于绝对存在、相对存在、自主存在的区分

事实上，对于存在问题，传统哲学讲得也已经够多的了，然而总让人觉得前人并没有把存在问题讲清楚、讲透彻，而且超不出天地之间的范围。现代本体论探究存在问题，就是提示不同存在性状世界的根本性质和特征，在最高思辨层次上回答世界是什么、世界怎么样的问题。宇宙本体的存在包含着三个层次的世界的存在性状。人类自身有其特殊的存在性状，天地之间的世界有其特殊的存在性状，至于天地之外的世界，我们只能把它当作终极存在来看待，但我们人类自身和天地之间的世界当然是包含在天地之外的世界中的。所谓天地之外的世界，也就是我们人类现在还无法涉足、无法感知的世界。人类自身和天地之间的世界对人类而言是可知可感的，可以把握其种种具体的规定性。对于天地之外

的世界，人类只能判断其存在着，而无法把握其具体的规定性，但这个
世界却包含着人类可以想象和无法想象的无限的可能性。

对于宇宙本体所包含的三类不同存在性状的世界的基本特征，我们
已经可以做出判断如下：1. 宇宙本体具有绝对存在的基本特征（天地之
外的世界是宇宙本体中人类没有了解把握的部分，包含在绝对存在之
中）；2. 现实世界即"天地之间"的世界具有相对存在的基本特征；
3. 人类自身具有自主存在的基本特征。

宇宙本体包含着天地之外的世界、天地之间的世界、人类自身的世
界。当我们整体地思辨宇宙本体的时候，天地之间的世界和人类自身的
世界的存在性状的特征就消融在宇宙本体的存在性状之中。也就是说，
宇宙本体之绝对存在的性状包含了人类所能感受感知的世界和人类暂时
不能感受感知的世界以及人类绝对不能感受感知的世界。当我们把关注
重点放在宇宙本体上时，我们就舍弃了人类自身和现实世界即天地之间
世界的具体规定性，使其融入宇宙本体之中。这个宇宙本体是无限的、
绝对的、无条件的，是天地之间世界的本源、母体。对人类而言，宇宙
本体的无限可能性似乎蕴含在天地之外的世界中。天地之间的世界对人
类而言具有直接的现实性，而所谓的由可能性转化为现实性，也就是天
地之外世界中的东西进入天地之间的世界。应该确信，天地之外的世界
与天地之间的世界是直接相通的，具有直接的同一性。人类自身与天地
之间的世界也具有直接的同一性。固然，当我们思辨探究宇宙本体的存
在性状时，就把天地之间的世界和人类自身的存在性状的具体性全部抽
象蒸发掉了。而当我们思辨探究天地之间的世界和人类自身的存在性状
的基本特征时，则必须考虑到宇宙本体的存在性状对它们所具有的本源
性、固有性、必然性的制约和前提条件的作用。

怎样来看待宇宙本体三个层次的存在性状及相互关系，应该是现代
哲学本体论观点的基本内容。把宇宙本体浑然一体地来看待，是中国道

家哲学本体论思想的基本观点，也应该是现代哲学本体论建构的基本观点之一，也是这个建构的基础的组成部分之一。把浑然一体的存在分为三个层次的存在来对待并且要弄清它们的关系，应该是西方文化的特点，是采用了西方逻辑思维的方式方法。而对于天地之外部分的论述，则完全排斥宗教神学的思想内容，而采取纯粹理性思辨的方式，应该是吸收了西方形而上学理性思辨的文化成就为我所用，也融入了佛学思想和道家的学说。对于天地之间部分的论述，要借鉴很多西方哲学的内容，但基本观点会有很大的改变和不同。关于人类自身的论述则把人类论定为自主存在，这是新的创见，彻底与宗教神学划清了界限。在宇宙本体所划分的三个层次中，人类自身包含在天地之间的世界中，所谓人类之顶天立地的性状，而天地之间的世界又包含在天地之外的世界中。三个层次的世界其实是一回事，是绝对同一的性质，而三个层次的差别只在人类追求生存与发展的活动中逐一地展现出来。在哲学本体论的思辨中，宇宙本体被一体看待，其终极范畴就是"存在"。存在不是某一个或一种或一类对象，而是普遍、无限、永恒的存在性状。人类自身在存在范畴之中，天地之间在存在范畴之中，天地之外也在存在范畴之中。现代本体论就是要探究、提示宇宙本体三个层次的存在性状的基本特征及其相互关系。

　　宇宙本体是一切存在即我们习惯上所说的万事万物的本源。当人们试图认识周围的世界时，在任何一个事物的原因之后总还有原因，以至于追问这个原因的过程可以无限伸展下去。而当我们不再循着具体实在的因果链思考问题，把千差万别的具体规定性抽象蒸发、把万事万物抽象蒸发到仅有唯一的存在性状时，我们的思辨境界就到达了万事万物的本源处，即宇宙本体的终极存在状态。对于宇宙本体，我们只有实然性的判断，而没有所以然的解答。在因果性的逻辑轨道上，宇宙本体作为结果，是原因；作为原因，却又是结果。宇宙本体消解了原因与结果的差别。也正是根据这个特征，我们才能确定宇宙本体是世界万物的本源。

以往的哲学观念一般只是对人与客观世界做出区别，只是探讨人与世界的关系问题。而我则认为，对客观世界，还必须区分出宇宙本体和宇宙本体中已经在人类的认识和实践范围内的现实世界。就宇宙本体而言，这种区别是毫无意义的，但对于人类而言，这现实世界和宇宙本体的差别是绝对不能忽视的，是两个截然不同的认识领域，所用的认知方式也是完全不同的。

对现实世界（包括人自身）的认知，人类可以依靠自身的感官、思维功能，还可借助外界条件如科技手段来进行。认知对象也是可触摸或可见可闻的具体事物，并且最后总是要逐项加以实证的，而且对人类的现实生活总是会产生这样那样的影响。而对宇宙本体终极存在状态的认识，则是需要人们对现实世界进行综合分析研究之后，再通过纯思辨的逻辑方式，结合领悟、直觉，等等，才能做出一些判断和描述。人们关于宇宙本体终极存在状态的认知一般不会直接对现实生活产生影响，而首先是对人们的观念形态发生作用。人们对宇宙本体的认知只能从各个不同的角度去分析思考问题，而不可能进行分解、分类、拆解，等等。因此，对于宇宙本体，永远只能是纯粹抽象的思辨，而不可能进行具体的、分门别类的、实证性的分析研究。而人们对于现实世界的认知，在手段方式上，只要不是胡思乱想，一般是不受限制的。也就是说，对宇宙本体只能作形而上的纯粹思辨，不能作形而下的推演和实证；对现实世界，则是首先要作形而下的推演和实证，而后才能进行形而上的纯粹思辨，最后还要回到形而下的实证和实践中去。

宇宙本体（包含天地之外的世界）之绝对存在、现实世界之相对存在、人类社会之自主存在三者统一于宇宙本体，而在人的认识中显示出差别。这是人们在思考问题时必须非常清楚地确认的前提，否则我们在接下来的思辨中将无法说清任何问题。

第八章
宇宙本体之绝对存在

一、关于绝对存在的理解

当人们思考宇宙本体问题时，作为宇宙本体产物的人的实体性也融入了宇宙本体，而作为认识主体的人只具有纯意识的性质。我们甚至可以把这种思考看作宇宙本体通过人的纯意识对自身的反思，因为宇宙本体作为本源来讲，这种作为认识主体的纯意识也在宇宙本体自身之中。

对于宇宙本体，我们似乎有说不尽的话题，又似乎没话好说。然而，我们必须对宇宙本体有个基本的判断，否则就没有办法展开我们的哲学思辨和人生探索。

关于宇宙本体的基本看法，前提是我们不能对宇宙本体有任何限制，把宇宙本体判断为是什么就肯定是荒谬的，宇宙本体绝对不能用形而下的实物体作类比。我们可以这样讲：说宇宙本体是什么，那肯定是错的，而说宇宙本体不是什么，在逻辑上反倒有些许合理的地方。因此，从实体性的意义上说，我们只讲宇宙本体是万物的本源。除此而外，我们只能最抽象、最纯粹地思考、探讨、描述宇宙本体的一些与人类认识有关的特征、性质。

绝对存在其实是无法定义的，无论哪种定义方法，对绝对存在都无能为力。我们只能同义反复地说：绝对存在就是宇宙本体，宇宙本体就是绝对存在。

对于这样一个无法定义也无法具体地进行分析的对象，我们有什么必要探索研究呢？西方人的做法是弃之不顾，只当没有那么一回事。然而，正是西方人对宇宙本体问题的这样一种态度，才导致了西方传统哲学本体论被解构，被科学主义的怪胎——宇宙大爆炸论取代，从而导致西方哲学的式微，最终使西方文化逐渐走向穷途末路。可以说，思考绝对存在，也即思考宇宙本体的理念或问题，就是对人类文化发展做正本清源的工作，为人类文化发展寻找、奠定坚固的立足点或基础。

宇宙本体或绝对存在是世界万物的母体，天地之间的世界对宇宙本体而言，只是某种具体存在性状的显现而已。这天地之间的世界因为依托着宇宙本体这一无穷的背景，自身的界限得以无穷地扩展。宇宙本体是源，天地之间的世界是宇宙本体中产生的流。

现代哲学本体论对宇宙本体或绝对存在的思辨探索，完全有别于西方传统哲学本体论，是在天地之间的世界中为天地之间的世界寻找所谓的"初始因""第一因"或者世界的原点、立足点，最基本的物质构成方式，等等。我们要到超越天地之间世界范围之外的立足点上去展开思辨行程，但又不能像形而上学本体论那样完全撇开这个天地之间的世界，而是要为天地之间的世界寻找源头或本源性的依据。这个依据并不是世界的终结，也不是世界的出发点，而是世界的母体，是包容天地的世界。这个宇宙本体或绝对存在的领域向人们展现的，不是真理的终结，而是可以为真理的无穷发展提供无穷广阔的空间。

对于宇宙本体之绝对存在的性状，似乎很难进行表述或描述。由于绝对存在不具有任何具体的规定性和具体的形相，因此，把宇宙本体判断为任何事物或进行任何的类比都是荒谬的。绝对存在绝不带有任何形而下的东西的特征。我们可以这样说，宇宙本体只有用绝对存在来表达，除此而外，讲宇宙本体是什么，那肯定是错。坚持这个前提的关键是，作哲学思辨的人即认识主体必须使自己进入纯粹、空灵的意识境界。实存的宇宙本体具有无限的存在性质，要求认识主体仅仅只从绝对存在的性状上展开思辨。

宇宙本体就是绝对存在。而对于这个绝对存在，我们又如何来理解呢？我在前面曾经讲过，这绝对存在是无法定义的。从这个意义上讲，我们关于宇宙本体之绝对存在根本无话可说。但是，哲学要是真的在绝对存在面前止步不前的话，那我们人类文化中就不会产生哲学了。宇宙本体蕴含了我们所能够领会的其他各种存在性状，也蕴含着我们不能了解、不能领会的种种存在性状。对于我们不能了解、不能领会的各种存在性状，我们当然无法探讨研究，也就无从谈起。那么，一些我们能够了解、领会的存在性状则是我们应该有所探索的。因此，我们对于绝对存在还是可以凭借人类所固有的智慧来领会、领悟、体味其中与人类认识有关的特征、性质的。

二、绝对存在的几种不同表达

绝对存在就是无条件存在。我们能够感觉到的存在物都是具体的、相对的，必须依据一定的条件而存在。比如，高山必须与平原相比较而存在，而且高山的形成必须经由地壳的运动才有可能。同样的原因，地壳运动也会使高山变成平地甚至沧海，这时，高山也就不存在了。而宇宙本体作为绝对存在，就不需要依据任何条件，也不局限于任何形相，不需要一个特定的具体存在物来证明其存在。宇宙本体作为绝对存在，不需要一个什么初始原因或者第一原因，也无所谓结果。因果律在绝对存在性状中被消解了。绝对存在就是存在，不需要任何的证明、说明。

绝对存在就是绝对肯定。作为绝对存在的宇宙本体，只有肯定性，没有否定性。宇宙本体就是绝对存在，就是绝对的有，我们无法、不可能对宇宙本体做否定性判断。宇宙本体总归是有的性质，不能是没有，无法是没有；只能是存在，不能是不存在。宇宙本体只有自身，既没有与之相并立的东西，也没有与之相反的东西。因此，绝对的存在也就是绝对的肯定。中国道家哲学创始人老子用"无""常无"来表示宇宙本体或宇宙精神。这是一个借用的概念，它不如"绝对存在"表达得准确，因为"无"的常规性质是一个否定词，而否定性的判断总是针对具体事物而言的，"没有"这个词的后面总有一个具体事物或事件，如没有一样什么东西，没做一件什么事情，等等。若单用一个"无"字，就是表示"不存在"。而绝对存在是不具有否定的性质的，也不能对绝对存在进行否定。绝对存在具有绝对的肯定性，这是不容置疑的。老子把宇宙本体称为"无""常无"，是针对具体事物总是有消长变化的特点而言的，即具体事物总会消失，而一事物的消失总会伴随着别的事物的产生。老子把事物消长变化的不确定性抽象出来，这种无条件的普遍共同的不确定性所体现的就是不灭的存在。老子用"无""常无"来提示世界万物所具有的普遍的、共同的不确定性，同时通过这普遍的、共同的不确定性来表达永恒的、不灭的存在，即宇宙本体。因此，"无""常无"在老子那儿是一个肯定性概念而非否定性概念。人类社会和人类思想史发展到了现当代时期，用绝对存在来表达宇宙本体和宇宙本体的基本特征就更显得直截了当、明白易懂。绝对存在不具有任何否定的性质，就是绝对的"有"。而用"无""常无"来表达，一不小心，就会让人想到"没有""不存在"上面去。

绝对存在还具有终极存在的性质。这个终极存在的含义并不是终极真理。在这个终极存在的领域里，我们没有具体的规定性可以把握，而是只知道这个终极存在的领域包孕着我们置身其中的天地之间的世界，并为这个天地之间的世界的无限扩展提供了无穷广阔的空间、余地，在这个领域中，有无穷的真理性知识让我们认识把握。所以，我们必须从另一个角度去领会这个终极存在的意义。所谓的终极存在，也就是无论我们的感官还是思辨，进而哪怕是心灵或者灵性，也就是人类的全部认识能力和认识手段全都发挥到极致的水平，一旦达到绝对存在的领域，就不可能再往上提升一步，哪怕是提升一丝一毫。绝对存在不容人类对之分析或综合、解构或建构。绝对存在的唯一性使我们无法对之进行任何的类比分析，也没有任何东西可与之比较。当西方传统哲学本体论在为世界万物寻找最初原因或第一个原因时，对绝对存在而言，即使那个第一因真的可以确定，那也只是绝对存在中流出来的一滴水而已。就绝对存在而言，它也只是果而非因。

对于绝对存在的终极性特征，我们人类语言中丰富无比的形容词没有一个可以用得上。就大小而言，既没有比它更大的，也没有比它更小的，绝对存在不能进行大小的量度。就因果关系而言，绝对存在自因为果，又自果为因，它根本不在因果关系之中。可以说，绝对存在作为终极性存在，无论我们从什么角度、什么层次、什么领域去探讨研究，都不可能讲出什么别的意思来，它总归是到此为止的意思。它既然没有任何具体的规定性，也就没有任何具体的特征可言，存在就是它唯一可被我们的思辨把握的东西。关于绝对存在的终极性问题，千言万语是那个意思，一句话也是那个意思，甚至不说话，还是那个意思，只要你领悟了，也就明白了。

绝对存在也包含着绝对的无限性、无条件的无限性乃至无理的无限性。宇宙本体作为绝对存在而言，就是无条件、无限制的存在，这个无限的存在不依附于任何一个具象物、具体存在物、具体存在过程，所以说是绝对的无限、无条件的无限。我们把天地之间的世界即现实世界中的很多现象也定义为无限的性质，如一个具体事物的无限可分性、一个自然数的无限数列、一个分子式的值向零的无限渐近性等，这些无限都是有条件的无限性，在本质上仍然是有限的，至少这些现实中的无限性都是有参照的、相对的无限性，其特征为线性的无限。这些相对的无限性只是宇宙本体绝对无限性的个别的、有局限的体现。宇宙本体的无限性是无形无相、无可比拟的无限性。任何一种要穷尽宇宙本体知识的企图都是痴人说梦。有一种自大狂的思想家认为人的思维具有包容一切的能力，似乎可以同宇宙本体的无限性相媲美。事实上，人的思维总是有限的。人的思维必须依附于人而存在，而每一个人都是有限的，所有有限个体的总和仍然是有限的。因此，人类的思维能力是不能和宇宙本体的无限性相提并论的。

事实上，宇宙本体的无限性既然是无可比拟的，则我们对宇宙本体的无限性也就无法用具体的语言来表达清楚。更进一步说，也就是我们无法对宇宙本体的无限性进行界定。然而我们是怎样得出宇宙本体具有无条件的无限性特征的观念的呢？我们首先是立足于天地之间的世界，也就是现实世界中来思考探讨这个问题的。我们必须通过把握现实世界中的规律性现象来进行探索、思考。当我们对现实世界进行层层的抽象、概括后，我们的思辨行程达到了宇宙本体的终极存在境界，领悟到宇宙本体消融了因果和内外的差别，宇宙本体包容一切而没有外在的界限；宇宙本体无处不在、无孔不入而内无终点，即所谓宇宙本体其大无外，其小无内。这只是一种观念上的领悟，实际上，我们是从宇宙本体所显现的空间特征来领悟宇宙本体的无限性特征的。宇宙空间是人们可以感受和测量的，但人们在观察、测量空间的时候发现，我们只能以自身为起点向外伸展，但在任何一个方向上，都找不到一个空间界限。空间向外没有终极界限，即使我们舍弃一些物质手段而通过纯思维、纯思辨、纯粹心灵的途径，也无法为宇宙空间设定一个终极界限。

现代科学家中有一类属于现代巫师性质的人正在宣称宇宙极限为150亿光年至200亿光年的空间范围。这样的一种观念既不合逻辑，也没有观察实证的依据。我们只要简单地问一下，在200亿光年距离之外是什么？也就是说，在你设定的界限之外是什么？事实上，宇宙本体无所不包，任何一个具体事物，无论它大到何种程度，哪怕是那些现代科学家巫师的因大爆炸而来的"宇宙"（其实讲某一个天体空间范围更恰当）的千倍、万倍乃至亿倍，无论其界限内外，仍然包容于宇宙本体。这是我们从宇宙空间的宏观角度来领悟宇宙本体的无限性。而其小无内就需要我们从微观事物的特征上去观察思考了。历史上，西方人总是把组成具体事物的物质看成某种不可分割的基本粒子，无论何种猜想或理论，总认为世界有一个单纯的最小物质。古希腊哲学家德谟克里特提出了原子论，他认为世界万物最终由原子构成，原子是一个单纯不可分的基本粒子。这是一种其小有内的有限论观点。然而我们中国人的观点与此不同，有两句名言相佐证，其一为"一尺之棰，日分其半，万世不竭"，是讲物质的无限可分性问题；其二为老子言"无有入无间"。其实"无有"与"无间"都体现了宇宙本体"其小无内"的特征。

德谟克里特的原子论是哲学为科学提示了一个方向，不失为现代科学的思想先驱。然而现代科学却又反过来证明了德谟克里特的原子论在哲学上的历史局限性。现在我们对实物粒子的认识已经到了原子以下的好几个层次了，所谓"夸克""胶子"，等等，但任何一个顶尖的科学家都不敢断言说他可以找到一种在理论上不能再分割的基本粒子。事实上，在我们的思辨中，任何一个具体的存在物，无论它多么小，只要一直小下去而不突变为无，就总是可以一分为二、为三甚至更多。而且，即使粒子性的东西突变为非粒子实体，那只不过是另一种存在方式，其小无内的逻辑进程仍然是没有终止点的。

宇宙本体的绝对无限性，我们在可感觉的世界中已经看到了，在天地之外的世界中，不知还有多少内容会在未来的历史进程中进入我们的视线。宇宙本体作为绝对存在所具有的绝对无限性不能用任何数字来表达。即使在哲学上有特殊意义的"1"这个数字，也不能用来指代宇宙本体。从哲学的意义来看待"1"这个数字，就是全部、整个、总和、综合的意思，而这几个词所表达的要领，都是有范围限制的，也就都是有限的。我们不能说整个宇宙、宇宙各部分的总和之类的话，因为这些话语表达的意思都是"宇宙有限"。宇宙本体不入数学，宇宙本体不入逻辑。任何"数"的概念外延都被包含在宇宙之中，任何一个无限趋势的数字变化，任何一个无限数列、无限数集群，对宇宙本体而言，都不具有"大"或"小"的性质。数学只对我们理解、领悟宇宙本体的无限性有用，而对宇宙本体来讲，数学仍然是形而下的东西，在表达宇宙本体的性质特征上，数学没有资格充当任何角色。"1"与"多"的哲学范畴，是人们用来对现实世界进行哲学思辨的。只有当我们把目光转向人所身临其境的现实世界时，才能真正领略到"1"这个数字的哲学意义。

总之，宇宙本体的绝对无限性特征，其实是其作为绝对存在的又一种表达方式，或者说是我们对绝对存在的另一种解读，对宇宙本体来说则没有什么不同的意义。而正是这个绝对无限的观念在西方传统哲学中一直是一个魔咒，是西方哲学家们避之唯恐不及的一大障碍。正是西方哲学在这个根本性的逻辑前提上的失误，导致了西方哲学在现代科技发展水平或成果面前变得苍白无力，并且面临着退出历史舞台的窘迫景况。

我们还需要认定宇宙本体的又一个性质，那就是宇宙本体的无差别性，或者说绝对同一性、无条件同一性，都是一个意思。这个无差别性或绝对同一性也是从绝对存在的特征生发而来的。宇宙本体既然是绝对存在，就没有什么内容不包含在绝对存在之内，或者说，就没有什么规定性不被绝对存在消融。于是，也就没有什么东西能够显示出与绝对存在不同的特征。于是，我们可以认定宇宙本体的无差异性或绝对同一性。宇宙本体的无差别性或绝对同一性不是靠我们的经验感觉得来的，而是靠纯粹思辨、层层抽象概括才能领悟其中的道理。这个无差别境界与人们的日常经验截然对立。人们日常所看到、听到、经历到的事物，总是相对地有差别、有变化的。以有无差别而论，一个具体事物从存在到消失，就是有与无的差别，高山和平原的差别也是在相比较的状况下存在的。在没有差别的地方，就没有人们具体认识活动的内容，也不可能产生任何认识活动。然而，当人们把宇宙本体作为思辨的对象时，情形就完全相反了，无差别才是宇宙本体的本真，有差别反倒进入不了宇宙本体本源性的层次。也就是说，有差别的境界就不是终极存在，只有把认识对象的差别性在思辨中彻底抽象扬弃，使我们的认识对象，同时也使我们自身，也即认识主体的思辨境界进入到与绝对存在相对应的状态后，我们才能和宇宙本体对话。宇宙本体的无差别性或绝对同一性是我们论定现实世界中万事万物具有普遍联系、因果关系、互相转化、直接和间接同一性的逻辑大前提。

三、完全的可能性领域

绝对存在领域就是蕴含着无穷无尽可能性的领域。我们论定，宇宙本体的绝对存在不是通过逻辑推理得到的。绝对存在作为结论，并无任何东西可作为大前提来作为依据。我们说宇宙本体是绝对存在，是因为我们每一个人，无论是顶尖的科学家还是顶尖的哲学家，都无法否定宇宙本体的存在。佛学可以说把世界万物都否定掉，但却绝对肯定佛、佛性的绝对存在。因此说，我们是因为无法否定存在而确定宇宙本体是绝对存在。我们无法通过具体的例证来证明宇宙本体的绝对存在性状，因为任何一个具体事物总是有限的、现实的，这与绝对存在的性质完全不符，根本没有逻辑一致性可言。因此，绝对存在领域没有具体性、现实性可言，而只能是无穷的可能性。当绝对存在领域的抽象的可能性转为具体的现实性时，也即绝对存在领域向相对存在领域灌注了新的存在方式、存在内容、存在物。

绝对的可能性应该是绝对存在领域最引人入胜的特征。绝对存在作为绝对可能性领域，包含着我们能够理解的可能性和我们不能理解的可能性，甚至所谓对人类而言的不可能性，也作为可能性的反向表达而包含在绝对的可能性领域之中。绝对的、无限的可能性是宇宙本体作为绝对存在性状所包含的色彩最瑰丽的领域，是人类社会科学技术无限发展的前提条件，是人类知识内容无限丰富的前提条件，是人类对世界的无穷的真理性认识的前提条件。

对于绝对存在的无限可能性问题，可以有各种不同的态度，最重要的一种态度当然是理性的、科学的态度。这种态度的指导思想，当然是要在绝对存在中的可能性中探索寻找新知识，为人类社会的发展开辟新的道路，为人类真理发展长河增加新的流量。这就需要我们以非常客观的、实事求是的态度对待探索寻找中的可能性事物，要对之进行观察实证，就是要进行科学研究，取得确实的科研成果后，这绝对存在中的可能性就转化为相对存在中的现实性了。这是人类社会知识、真理、科学技术发展的基本特点。

作为绝对可能性的领域，也是可以让人随意想象的，甚至非理性的胡思乱想也是允许的。但有一个前提条件，那就是你绝不可以信以为真。当然，你不把随意想象信以为真，并不意味着你可以抱持截然否定的态度。既然是绝对可能性领域，其本质特征就是不确定性。你不愿意想，你可以不想；你要瞎想，你尽可以瞎想。当然，当一个人真要随意想象时，他总是要受到人所固有的经验、情感、理性、欲望等因素的制约。比如，现在人们热衷的飞碟、外星人等，其实只是人类对自身能力的放大，或把自身能力加诸想象的对象。对于绝对可能性领域的想象，越是把人类自身的因素掺杂进去，越没有价值。比如讲长生不老问题、神仙问题，人们追求了几千年，没有一个人做到，反倒是可以认定为不可能的了。我们所要展开的随意想象，还是要尽可能摆脱人类固有的自身因素的干扰，来设想那些人类暂时无法理解的存在方式、人类暂时无法沟通的存在方式。比如，宇宙中人类不是唯一的有灵性的存在物，可能在我们的周围还存在着种种有灵性的存在物，只不过由于人类的存在方式与他们完全不同，无法直接沟通。甚至我们可以设想，宇宙中有灵性的存在物是普遍现象，即使没有了人类，宇宙也不会陷入一片死寂。

当然，各种各样的可能性想象是无限制的，只要你不把它当真，不强迫别人相信或不相信。对于可能性的想象，可以不争论、不较真。它们有的会很有意义，有的则毫无价值。无论何种结果，都必须由科学探索和人类历史发展来验证。想象总是指向未来，或者只是理想化的意向，按理在绝对可能性的领域，可以超越人类经验性因素的干扰，而事实上，没有一个人能够在想象中摆脱经验、情感、理性等因素的影响。而哲学本体论在这个领域的判断，着重是要指明不同的存在方式问题。我们人类能够感知和思考的存在方式以空间、时间、物体、能量、运动变化为基本特点，而没有这些基本特点的存在方式则我们人类无法与之沟通。我们面对的世界或者说我们身处其间的世界，存在着我们人类无法与之沟通的存在方式的可能性我们也是不能断然否定的。而且存在着无数多的我们人类不能与之沟通的存在方式的可能性我们也是不能断然否定的。

非理性地对待绝对可能性领域的态度就是宗教神学的态度。我们来讲上帝的问题，从理性的角度看，既不能彻底确定其存在，也不能彻底地确定其不存在。作为可能性来讲，你可以想象上帝是存在的，也可以想象宗教神学如何如何，上天入地，腾云驾雾，随意想象，都是可以的。但如果你要信以为真，本来是应该进行科学验证的，然而科学根本没有可能验证上帝为真，也根本没有可能验证上帝为假，但科学能够验证宗教迷信或神迹为假。然而在现实生活中，宗教神学是被信教者信以为真的，而宗教领域中的当权者凭借教权大肆敛财也就成了平常事。从哲学批判的角度，把宗教神学仅仅放在可能性领域来思考想象，也并非不可以，但一定要把宗教神学当作实有其事来顶礼膜拜，就不可取了。

关于宇宙本体之绝对存在，我们从不同的角度指出了宇宙本体的终极性存在特征、绝对肯定性的存在特征、绝对无限性的存在特征、绝对同一性的存在特征、绝对可能性的存在特征。认识到并且承认这些存在特征，对我们在现实世界中的哲学思辨行程有着绝对的、决定性的意义。以往的哲学思想在宇宙本体之绝对存在性状方面并非没有一点东西，但没有把它作为一个专门的领域来对待，实际上是把它放弃给了宗教神学。因为宇宙本体作为绝对存在而言，具有无限的可能性，也具有无限的空间余地，无论实证科学发展到怎样的高度，宗教神学身后总能够有无限的退路，你永远证不倒它。明白了这个道理，我们对宗教神学就可以有一个比较恰当的态度。而科学主义则和宗教神学相反，它不承认宇宙本体之绝对存在的绝对无限性，用有限的观点、实证的思路，而实际上又不可能进行实证，非理性地把宇宙说成是一次大爆炸的产物，而且这竟成为20世纪以来的主流思潮，真令人匪夷所思。这是西方传统哲学思想的缺陷，而中国哲学思想是包含着宇宙本体的绝对无限性观点的，但往往把绝对存在领域的特征不加区别地引入相对存在领域，夸大具体存在物、具体存在过程的无限性特征，抹杀相对存在领域中万事万物的差别性、有限性、条件性，呈现出诡辩主义的特征，缺乏理性的、逻辑的合理性和规范性。

弄清宇宙本体的绝对存在问题，是人类全面把握世界的关键，在人类思想史上有着正本清源、追根溯源的意义。如果没有对宇宙本体之绝对存在的正确认识，那么我们在对现实世界的万事万物、种种现象进行最高的概括和抽象后，就不知道进一步往哪儿走，会以为我们穷尽了真理，以为终极真理就是我们的终极目标。而有了宇宙本体之绝对存在观点，我们就会知道，对人类而言，没有终极真理，只有无限发展的真理性认识，现实世界中的最终目标往往而且必然就是新的境界、新的过程的开端。

　　宇宙本体问题，主要是宇宙本体之绝对存在的性状探讨，至此将告一段落。这里要强调的一点是，我们关于宇宙本体及宇宙本体的观念不是仅仅依靠逻辑的推理论证获得的，更不可能通过科学实验、实证获得，而是要在对现实世界进行最高概括和抽象之后，再进一步对之超越，通过思辨、领悟、直觉、顿悟，才能领略到其中的真谛。宇宙本体问题固然玄虚，然而我们只要认准宇宙本体的绝对存在的性质，而向自身之外的范围追本溯源，直至终极存在的宇宙本体，触摸到宇宙本体绝对存在的根本性质，求解根本之惑。这既是人类的认识历程的终点，又是认识历程从终极存在回到当下的现实存在的起点，由此就能够逐一领悟宇宙本体的终极存在性质、绝对无限性质、不能分解的无差别境界性质、绝对同一性质……对于人的认识而言，相对存在境界的纷繁复杂、千差万别、神奇玄妙，一经放到宇宙本体的大背景下考察，立即失去了令人目眩的万千气象，变得简单而枯燥——那不过是宇宙本体的显现，全都可以被宇宙本体的绝对存在性包容。然而，仅仅领悟了宇宙本体的种种性质特征，并不能帮助我们直接解决现实的实际问题。只有当人们面对自身无力控制的局面或无法解答的疑难问题时，才会把目光投向终极存在之处。当我们的认识触摸终点之后再回到自身、回到现实世界时，我们就能够明确和认准前行的方向，并使内心更加踏实地行走自己的历程。

第九章
现实世界之相对存在

一、概述

现实世界就是我们人类足踏着、头顶着的天地六合。从范围来讲，现实世界就是天地之间的世界；从逻辑规范性来讲，表述为现实世界更严谨，因为即使在天地之间的空间范围之内，仍然有我们人类无法触摸感觉的领域，甚至在我们的身边，就可能存在着我们无法与之沟通的另一种存在物、存在状态，那就不在我们所指的现实世界的范围之内。而且，作为宇宙本体绝对无限性的向内趋向的无限性趋势，也总是会超出现实世界的范围。所以严格地讲，天地之间的世界要比现实世界的范围宽泛得多，也存在更多的可能性，讲更多的不确定性也可以。

严格地讲，现实世界是指我们人类的认识和实践能力能够具体把握和涉及的领域和范围。这个现实世界的本源是宇宙本体，与宇宙本体有着直接的、绝对的同一性。从认识的角度来说，现实世界和宇宙本体的区别在于，现实世界是宇宙本体中凸显在人类面前并且人类置身其中能够触摸感觉的部分，而宇宙本体的基本特征则需要我们在认识把握现实世界后，再越过现实世界的尽头去探索思辨，这对大多数人而言是难以琢磨的。现实世界首先是具体可感觉的，这个可感觉的领域包括我们自身的感觉器官能够感觉的领域，以及我们运用种种的科学仪器和科学手段所能够到达或把握的范围和领域。只有在感觉的基础上，我们的认识才能进行进一步的思索探讨。

从根本上讲，现实世界就是宇宙本体的显现、体现。现实世界如果仅仅被当作纯粹的存在来看待，它就会融入宇宙本体。使现实世界从宇宙本体中凸显出来的是人的存在、人的认识和实践活动。现实世界的具体实在性和种种差别是因人类的认识和实践活动的需要而体现出来的，把宇宙本体分为已知领域和未知领域也是出于同一个原因。正是人使源自宇宙本体的现实世界显现为具体有限的相对存在领域，并具体表现为具有种种差别的万事万物，而现实世界正是这具有种种差别及界限分明的万事万物的总称、总和。

现实世界作为宇宙本体的部分显现或体现，在总体上仍然具有绝对存在的性质。然而，现实世界中的具体实在的万事万物都是相对存在物，而现实世界作为具体实在的万事万物的总和、总称来讲，又具有相对存在的性质。现实世界的着重点或人们的关注重点，是具体实在的相对存在领域的性质。从思辨行程的趋向看，当人们关注宇宙本体问题时，是向纯粹抽象的方向发展，主要展开的是抽象的思辨行程；当人们关注现实问题时，最终的落脚点是要放在科学实证上的，而哲学思辨在现实世界中的行程也离不开科学作为基础和前提的制约。这是哲学思辨行程在现实世界中和宇宙本体之终极存在中的基本的不同特征。

现实世界自身具有的相对性的一面，主要是指现实世界因人而体现出来，因人而有意义。现实世界是人类生存、发展的场所及前提条件。没有人，也就没有现实世界和宇宙本体的区别。其次，现实世界的范围和深度随着人类认识和实践能力的提高在不断地扩大和加深。在这里，我们遇到了一个逻辑矛盾，即从总体上看，现实世界作为宇宙本体的显现或体现是绝对存在；从现实世界所包含的万事万物都是具体有限的相对存在物来看，从现实世界因人而有意义，在人的认识和实践中会不断扩大范围和增加深度来看，它又是相对存在。其实这只是一个问题的两个方面，当我们把现实世界逐步抽象而进入形而上之领域时，现实世界隐入宇宙本体之中，是绝对存在的性状；当我们的思辨行程往下走，而进入具体实在的存在状态、存在过程、存在物的领域，也即是进入形而下之领域时，现实世界就具有相对存在的性状。这样，我们就不会把绝对存在即形而上之领域和相对存在即形而下之领域截然对立起来，而是把这两个领域有机地上下联系贯通起来了，也就避免了两种不同性质的存在性状在同一个领域或同一个层面上撞车。事实上，它们不在同一个领域，也不在同一个层次，它们之间不应该撞车，也绝不会撞车的。绝对存在之宇宙本体包容着相对存在之现实世界，相对存在之现实世界容身于绝对存在之宇宙本体之中。

事实上，当我们从总体上把握现实世界，或者说把我们所能认识、把握的万事万物综合、概括、抽象地看待时，它们的共同特征也仅剩下"存在"而已，并且我们也不能对这个"存在"进行否定或加以任何其他的限制。这不就是"绝对存在"吗？没有任何具体特征和内容以及没有一丝差异性的地方，肯定是形而上的思辨领域。而当我们眼看着、手抚着种种具体实在的事物时，我们当然是身处在形而下的领域了。当我们具体实在地关注现实世界时，就是要认识把握具有种种差别和界限的具体有限的万事万物的基本性质。具体有限的事物总是相对的；具体有限事物汇集在一起仍然是有限的、相对的。因此，当我们关注现实世界时，着重在于其相对存在的特征。只有到达现实世界的尽头后继续我们的思辨行程，我们才会进入绝对存在的领域。现实世界依托于、容身于宇宙本体之中，它们之间不存在对立或不相容的关系。

哲学对于现实世界的意义乃在于哲学是对现实世界全部知识的最高概括和抽象。哲学必须对现实世界做出最本质、最普遍、最有理性、最具有逻辑自洽性的判断和结论，从而为人类社会的历史和文化发展提示正确的方向。

从宇宙本体凸显出来的现实世界是具体实在的，其形而下的存在性状是相对存在，是种种相对存在物的汇集，乃是人类的认识和实践可以涉及的范围。从这个意义上讲，现实世界是有限的。现实世界的有限性首先表现为人类对自身周围的世界的认识是有限的，人的目力所及、感受力所及、思维力所及是有限的。概而言之：人的全部能力所及都是有限的。而我们对现实世界的定义，就是宇宙本体中人的能力所能把握和涉及的范围之全部。人的能力既然是有限的，则人的能力范围也必然是有限的。虽然人的各种能力总在不断提高，人所能把握涉及的范围总在不断扩大，并且从可能性来讲，只要人类存在一天，人所能把握和涉及的范围的扩大过程就永远也不会停止，然而，就现实性来讲，人类认识和把握世界的能力和范围总是有极限的，这个极限是人所固有的，并时时刻刻伴随着人类。人类的能力达到什么程度，这个极限就在什么程度上显现；人类的活动扩展到什么范围，这个极限就在什么范围上产生。事实上，程度、范围就是限制，就是极限。这个时时刻刻伴随着人类的认识和实践活动的极限，我们称之为即时极限，是我们人类永远也摆脱不了的，它决定了人类永远也不可能获得终极真理。

现实世界有限性的更加实在的内容还在于组成现实世界的一个个具体存在物或者说世界万物是有限的。凡是我们所知道的事物，没有一样是没有生灭过程的，从地球上的微生物到太空中的天体，都有其产生和消失的过程，不过是存在的时间长短不同而已。任何一个事物，也都有其自身的空间界限以及与其他事物相区别的各种不同特征。每一个事物的空间界限及与其他事物相区别的种种特征，既是该事物的存在依据，同时也是该事物的有限性的内在规定性。由此，我们知道，凡是有具体实在内容的事物，总是有限的。即使如现在全世界都吹破天的所谓宇宙大爆炸论，其实所讲之事，仍有具体实在的内容，仍有其自身的空间范围，仍然有起始和终结的过程，是一个十足的形而下之领域。然而，就是这么一个不伦不类的宇宙大爆炸论，却轻而易举地把西方传统哲学本体论给取代了，这难道不应该算作西方文化发展史上的一大荒诞现象吗？

当代世界是科学技术笼罩一切的时代，因此，当代的主流思潮为科学主义所垄断。其实科学所面对的世界仅仅是现实世界的形而下之层面，而且更离不开对一个个具体实际问题和实体对象的研究。即使是理论物理学之类的纯理论研究，也是要解决实际问题的，并且必须得到实际的验证，仍然是要趋向形而下的领域，远远达不到全知全能的地步。科学技术在本质上是人类某一种能力的体现，离开了人类自身源源不断的创造力，科学技术的发展就成了无源之水、无本之木。因此，从科学技术的基本性质来看，科学技术从根本上讲也是有限的，科学定律、科学规律等属于科技范畴的东西都是有限的。

二、存在方式是相对存在领域的实现与表达

存在方式是对相对存在领域的实现与表达。也就是说，存在方式就是对现实世界的实现与表达，相对存在物的实在性与确定性是通过存在方式被我们确实把握的。更具体明确地讲，相对存在领域和相对存在物的基本性质和基本特征就是由不同的存在方式决定的。因此，相对存在领域、相对存在物的相对性、具体性、差异性、有限性都是在它们的存在方式上体现出来的。

存在方式表现了相对存在领域和相对存在物的具体形态。而这里讲的相对存在领域和相对存在物，按通常的说法就是现实世界和现实世界中的万事万物。把握存在方式就是我们把握现实世界及其万事万物的基本途径。由于存在方式是现实世界及其万事万物的具体的内在的规定性，因此存在方式的内容也将与缤纷多彩的现实世界及其万事万物的实然性

内容一样具有无限的多样性。在存在方式的研究中，个别具体的、具有无限多样性的存在方式属于科学研究的领域；一般抽象的、普遍概括的存在方式属于哲学思辨的领域。

所谓个别具体的存在方式，就是现实世界中万事万物各自的基本性质和基本特征。例如，水的存在方式就是由一个氧原子和两个氢原子组合而成，在常温下呈液态，在零摄氏度以下呈固态，称之为冰，在100摄氏度以上为气态，称之为水蒸气。而每一种相对存在物都有其各自不同的存在方式。如水、铁、铜、山、石头，等等，都是常规的、具体的相对存在物。如果再进一步深入到这些事物的结构内部考察，则它们的结构基础是由一个层次到下一个层次的结构粒子组成的，即分子作为最上一层的结构粒子，原子则是组成分子的结构粒子，由此还可以一层层地往下解析。对存在方式做这样分门别类的解析的探讨研究，就构成了人类社会科学探索的全部内容。

作为哲学范畴的存在方式，是把现实世界当作一个整体来思辨，以及对世界万物所具有的无限多样性的个别具体的存在方式进行概括抽象后，对所获得的一般的、共性的存在方式的基本特征进行哲学意义上的探讨。

事实上，当我们把关注的目光从绝对存在领域转向相对存在领域也即现实世界时，存在方式就已经呈现在我们面前。现实世界所具有的种种具体规定性和一般规定性，都是和存在方式联系在一起的。通常情况下，我们也可以把相对存在领域的规定性视同于存在方式。存在方式决定了相对存在物的规定性；相对存在物的规定性体现了相对存在物的存在方式的基本特征。因此可以认定，把握现实世界必须从把握存在方式入手。甚至可以说，把握了存在方式，也就把握了现实世界。所以，在这里，所谓现实世界的存在方式，就不仅仅是传统意义上的空间和时间问题，而是会涉及现实世界及世界万物的种种基本特征和基本内容。

当我们的思辨行程从现实世界的总体性、概括性、抽象性向着现实世界的现实性、具体性、个别性行进时，我们就是从最抽象、最普遍的存在方式向着具体、个别的存在方式行进。存在方式就是现实世界具体、客观存在的基本特征和性质，而现实世界具体、客观存在的基本特征和性质也就是现实世界具体、客观存在的基本规定性，不同的基本规定性也就决定了不同事物之间的差别性。在这里，有两个基本问题要明确：首先，存在方式一定是现实世界即相对存在领域中的范畴，因为存在方式一定有具体的内容，也即相对存在物或相对存在状态的固有规定性，而绝对存在领域只能浑然一体地来对待，相对存在领域中所有的具体性和差别性在这里均被消融了，并无规定性可言，于是也就谈不上存在方式问题了。其次，存在方式范畴一定是包含着极其丰富的差异性内容，也就是说，不同的存在方式对应于不同存在物和不同存在状态的具体规定性，也即它们的不同的基本特征和性质。再讲得通俗一点，就是世界万物各有各的存在方式，各有自身固有的内在规定性。

在现实世界中，任何一个相对存在物或相对存在过程，都可以从不同的角度、不同的领域、不同的层次去看待它们不同的存在特征和性质，于是，任何一个相对存在物或相对存在过程都处于多样性的存在方式之中。以水为例，它的化学分子式是两个氢原子和一个氧原子结合在一起，它的物理性质是常态为液体，结成冰为固体，蒸发而为气体，等等。可以说，世界万物中的任何一个相对存在物或相对存在过程，都是种种不同存在方式的组合体，或者说是种种不同存在方式的承载者，主要看我们从哪个角度看。因此，人类关于现实世界的种种学问知识，也就是把握认识种种不同的存在方式。当我们研究存在方式的组合时，就一定是研究具体的相对存在物或相对存在过程。这是科学研究的领域，当然，发现或探索某种新的存在方式也应该是科学研究的任务或领域。哲学是站在科学的基础上，从最高概括和最高抽象的层次上来思辨探讨现实世界所呈现的最普遍、最一般的存在方式，从而对现实世界做出相应的判断。

三、"实体性存在"和"虚空性存在"既相统一又有区别的存在状态是现实世界的最高存在方式

现实世界总体的存在方式的最基本特点就是实体性存在和虚空性存在的并列存在以及相互生成和转化。所谓实体性存在，就是世界万物以及万物生成演化的过程。实体性存在的基本特点就是人的感官能够感受得到的存在以及人们可以通过科技手段观察证实的存在。虚空性存在对人的认识能力而言，最直接的感受就是世界万物的容身场所，我们所能够讲得出的内容就是空间问题。然而，这里讲的虚空性存在肯定不仅仅是空间，而是除空间外还包含着极其丰富的内容。我们用老子的思想来参考："天下万物生于有，有生于无。"我们可以把"有"看作实体性存在，把"无"看作虚空性存在。以人而言，当然属于实体性存在，但人一定是容身于虚空性存在之中，人一定离不开虚空性存在，世界万物也都容身于虚空性存在之中。虚空性存在是相对存在领域通向绝对存在领域的桥梁，绝对存在领域的可能性要转化成相对存在领域的现实性，我们就必须到虚空性存在中去探索寻找。当我们把空间作为相对存在物的一个普遍规定性来考察时，空间只是一个单一纯粹的因素，而当我们在探讨虚空性存在时，空间只是方便我们入门，其更丰富的内容还有待进一步展开。虚空性存在不仅是实体性存在的容身之所，它还是实体性存在的源泉，也是实体性存在的归宿。也就是说，实体性存在不仅容身于虚空性存在之中，而且也可以转化为虚空性存在。

西方传统的哲学本体论总是在寻找现实世界的单一构成物，在古代有"万物起源于水"的学说、"土、水、气、火"的学说，其最高成就

为古代原子论，到近现代有精神物质两分说和精神为主、物质从属或物质为主、精神从属的一元论说。那些把某一种或几种具体事物作为世界万物之源的观念，其所关注的不是世界的存在方式的特征，而是"世界是什么"的问题。而事实上，把世界说成是一个单一的、具体的什么东西就一定是错的。因此，西方传统的哲学本体论会被科学取代，而科学又不可能站到科学领域之外或之上去研究、解答世界是什么的问题。当科学狂妄地要取代哲学来妄言世界是什么的时候，这个世界就要开始乱象纷呈了。传统哲学把世界分为精神与物质两种存在性质，似乎有一点涉及了现实世界的存在方式的特征问题。但无论是精神还是物质，在观念上都有含混不清的地方。以物质观念而论，它无法区分绝对存在领域和相对存在领域。从物质概念的定义看，它不是某一个相对存在物，而是绝对存在。然而，绝对存在是不能下定义的。这就是物质概念的自相矛盾之处。严格来讲，物质概念在逻辑上是不成立的。

而精神作为人的基本特征是当之无愧的，要作为现实世界的半壁江山则是远远不够格的，它更不可能在绝对存在领域显示出任何具体的特征。精神只对人类具有决定性的意义。这个问题是必须放到自主存在的领域中去阐述的。我总感觉，西方传统哲学如此强调精神的地位，说到底，是有神学的影响在里面起作用。事实上，在现实世界中是找不到具有独立自存性质的精神个体的，它只能是人类的基本属性，是人所以成为人的根本依据。但是，当哲学把精神这个人的基本属性超乎于人之上乃至于超乎于所有存在物之上的时候，那毫无疑问，精神就成为上帝的代名词了。在中国的传统思想中，宋明之际出现了陆王心学，把人心当作万物的母体，认为万物皆备于心，与西方的唯心主义哲学有相似之处。但陆王心学不搞神秘主义，最后的指向不是神，不是上帝，而是圣人。因此，中国的陆王心学其实是比较狭隘的，它把人心看作世界的本源，从本体论哲学的角度看，实在有点不伦不类。而实际上，陆王心学充其量不过是价值哲学，不在哲学境界的第一层次。

精神的重要性不在于它被看作是世界的本源之一，乃至世界的本源，而在于它是人的基本特征，在人的无限丰富性的属性中居于核心的地位。因此，精神的重要性理所应当地将在自主存在领域中凸显出来。而现实世界的存在方式的基本特征只能是实体性存在和虚空性存在的相互依存和相互转化。这是现实世界总体的存在方式的核心问题。对于这个核心问题，西方传统哲学本体论是一直在回避的。我们虽然不能说在西方文化中从来没有产生过这样的思想，但即使有过这样的思想，也从来没有受到过很好的重视。在东方哲学中则不同。东方哲学在理性境界上似乎始终没有被神学压倒过，而且就是以哲学境界的空灵、高妙为显著特点。因此，虽然中国传统哲学并没有直接提出现实世界总体的存在方式为实体性存在和虚空性存在的相并而存与相互转化的思想，但却可以启发我们产生这样的思想观念。

在中国的儒、佛、道三家学说中，道家和从印度传入中国的佛家学说的哲学境界极高，儒家在哲学上则偏重于伦理学。佛家虽然不是在中国本土产生，然而佛教在它的出生地却早就式微了，反而在中国这块土地上得到了发扬光大。因此，把佛学思想说成是中国的肯定不对，但佛学思想与中国的思想文化已经融为一体却应该是事实。因此，我们可以来看一看佛道两家在哪儿给我们做出了启发。可以这样说，佛道两家学说的基本核心都给我们产生关于现实世界的总体存在方式是实体性存在和虚空性存在相并而存、互相转化的思想观念做出了启发。

我们先来看道家的学说。道家学说最鲜明的标记就是阴阳鱼图案，又叫太极图。它是由两个黑白相间的鲸鱼图像无间隙结合而成的一个圆形图案，白鱼头上有一点黑眼睛，黑鱼头上有一点白眼睛，两条鱼首尾相衔，无间隙过渡。道家的创始人老子有言："万物负阴而抱阳，充气以为和。"老子还说道："天下万物生于有，有生于无。"这黑白相间，是很容易让人联想到虚实相间相生、相互转化的。当然，从中国古人对阴阳的理解和认定看，阴阳并不是两种相对的存在方式，而是一个相对存在物或者说一个存在物总体的两种不可分离的属性。然而，当我们把现实世界进行总体看待时，这虚空性存在和实体性存在是可以用道家的阴阳关系进行类比的。此其一。而"天下万物生于有，有生于无"的论断则是和虚空性存在与实体性存在的思想观念相吻合的。那个所谓的"有"就是实体性存在，就是总体的现实世界，它包含着天下万物。而那个"有"从中而出的"无"，从超越现实世界的层面看，指的是绝对存在领域，而绝对存在领域没有任何具体规定性可言，与虚空性存在是相通的（后面论述虚空性存在时要着重讲）。而与实体性存在的天下万物相并而存的虚空性存在，则既可以用"无"来表达，也可以理解为被包含在"无"的范畴之中。因此，所谓"天下万物生于有，有生于无"，可以启发我们关于实体性存在和虚空性存在相并而存、互相转化的思想观念。

而佛学思想则可以说核心内容就是在"色"与"空"两者之间纠缠。关于这"色空"问题的论述经典是《心经》。《心经》中论定："色即是空，空即是色；色不异空，空不异色。"这所谓的"色"，就是人世间的一切；这所谓"空"，就是佛的境界，是人世间万物的归宿。当然，《心经》最后是否定色、肯定空的，所以它有"故空中无色"之论断。然而，佛学并不认同绝对的空，而是认为世间万物都是佛性的显现，佛家的最高境界是"真空妙有"，那可也能启发我们这实体性存在和虚空性存在相并而存、相互转化的想法啊。当然，我们并不需要曲解《心经》的思想观点，它并没有色、空两者相并而存的见解，而是认为"色为虚假、空为真实"。《金刚经》中也有所谓"凡一切相，皆为虚妄"的论断。然而，佛学毕竟是沿着"色""空"两项展开思辨行程的。而且，佛学也无法断然无视"色"之存在。因此，这个实体性存在和虚空性存在在中国的传统思想观念中是有着一以贯之的思辨发展轨迹的。我们之所以提出实体性存在和虚空性存在的相并而存、互相转化是现实世界总体上的存在方式的基本特点和核心内容，主要是受到了中国传统的佛道哲学境界的启发。

下面，我们将论述实体性存在和虚空性存在的主要特点和内容。

我们关于"实体"的观念与西方传统哲学的形而上学本体论是截然相反的。在西方传统哲学中，所谓的"实体"主要是指"理念"之类精神性、绝对性、永恒性的东西。在东方哲学中，佛学中的实体就是"佛性"，其他都是虚假的，与西方传统形而上学中的实体、实在有相似之处。因此，传统哲学中的"实体"不能依靠感官去感受，而是要依靠精神理性去思辨、领悟。可以说，传统哲学中的"实体"观念带有浓厚的神秘主义色彩，稍微往前走几步，就进入了宗教神学。而我们观念中的实体性存在，就是实体性存在物、实体性存在物的属性及其延伸、实体性存在物的运动变化及其相互关系等的综合表达。在这里，实体性存在物就是相对存在物。这个观念在传统的哲学思想中一向是被忽视的，因为现实世界中的具体事物总是有限的，只有能够上升为理念的实体内容才是永恒的、不变的。因此，反倒是相对存在物之间的关系、相对存在物的运动变化规律，等等，才成为哲学研究的对象。然而，所有的关系、属性、运动变化规律，都是依附于相对存在物而存在的，它们都不具有独立自存的性质。因此，哲学本体论首先必须论定相对存在物的实体性、实在性、实然性，论定相对存在物在实体性存在中的基础和核心意义，才能确立实体性存在范畴的基本性质。

实体性存在范畴不具有单一的纯粹性，而是具有多层次结构的存在领域，其中，相对存在物是主体。相对存在物的属性和相对存在物之间的关系以及相对存在物的运动变化状况和规律，是我们要关注的基本内容。这个相对存在物就是现实世界中的万事万物，大到星系天体，小到原子以下的微观世界。这些相对存在物都不是绝对地独立存在的，它们相互之间会有种种的关系和联系；这些相对存在物又都不是单一抽象的存在物，而是具有种种不同的具体规定性，也即种种具体的属性，是承载不同属性的综合体；这些相对存在物在互相关系中还会有着不同的运动变化。因此，实体性存在范畴的丰富复杂程度不是一般人能够想象得到的。

实体性存在作为一个哲学范畴，总要有一个大致的界定。前面讲到，实体性存在包括实体性存在物、实体性存在物的属性及其延伸以及实体性存在物的运动变化、实体性存在物的相互关系等多重内容。其中，实体性存在物及其属性作为实体性存在范畴的基础和核心，是领悟、理解实体性存在范畴的关键。实体性存在物及其属性必须是能够直接和间接进入人们的感觉范围，必须是人们能够直接或间接地感觉得到的。所谓直接感觉，就是人们通过自身的眼、耳、鼻、舌、身来直接感受；所谓间接感觉，就是人们通过科技手段来感受认知。因此，实体性存在以实体性存在物及其属性为基础，它的基本性质就是可以实证的性质。凡是不能被感受、不能被认知的，就不在实体性存在的范畴之中。

至于传统哲学中的物质概念，可以把它包含在相对存在领域中的实体性存在观念的范畴中，而不再当作绝对存在的宇宙本体的替代词。也就是说，物质一词不再指代宇宙本体了。这实际上是对物质概念的重新界定。按照原来的物质概念定义，物质可以看成绝对存在的代名词，但那是不恰当的，因为我们用到物质概念时，它一定会包含着某种具体规定性。在有的语境中，物质一词甚至会特指某一类事物乃至于某一种事物。因此，物质一词的概念内涵具有相当的不确定性，导致外延时宽时窄，视不同语境而定。于是，我们只能把物质概念运用于相对存在领域中实体性存在的范畴中，在最宽的外延情况下，可作为实体性存在范畴的替代词；在最窄的外延情况下，可作为某一个事物的替代词。

虚空性存在是现实世界总体的存在方式的另一个方面，它与实体性存在紧密结合而又并存并立，与实体性存在同为一体而又泾渭分明。我们知道虚空性存在的存在，却并不能用实证的方法来感受认知它的存在，而必须在理性思辨中来把握它的存在。

一般而言，我们是在与实体性存在的对比中来认识虚空性存在的。每一个实体性存在物之间都有一定的、或大或小的距离间隔，这就让我们实在地有了空间的感觉。再有，任何一个实体性存在物都必须占有一定的空间位子，即使在这个实体性存在物消失之后，它所占有的空间位子仍然存在，还可继续容纳其他不同的实体性存在物。例如，一座旧房拆掉以后，还可以在原来的位子上建造一座新房屋。

以上所述，还只是从空间形式谈到的虚空性存在问题。事实上，虚空性存在范畴的内容远不止于此。我们对实体性存在的界定是，人们能够直接或间接地感觉和感受到的存在物及其属性，并在此基础上衍生出的种种现象和状态。那么，对虚空性存在的界定，就是我们在当下还无法直接或间接地感觉和感受到的，而又确实与实体性存在密切相连、互相转化、合为一体的一切存在。虚空性存在是能够让我们的思辨行程超越相对存在领域，进入绝对存在领域的主要途径。

对于虚空性存在的特征，从最肤浅的地方入手，当然是循着空间范畴往里走就直观了。所谓的"绝对空间"、所谓的"纯虚空"一向是被科学研究否定的。事实上，我们在现实世界中也不能把它们制造出来，然而我们在纯粹抽象的思辨中是可以思考、思索它们的。而虚空性存在的范畴的极端状况，我们可以设定为"绝对空间""纯虚空"。事实上，在我们把虚空性存在与实体性存在相对比时，是不考虑虚空性存在中所包含的无限丰富的其他内容的。然而，"绝对空间"和"纯虚空"这种没有内容的极端状况不是我们要思考的虚空性存在的基本立足点。我们要考察的是相对存在领域的有着丰富内容的虚空性存在。也就是说，当我们单独考察相对存在领域的虚空性存在时，它是有着特定的、具体的内容的，我们就必须界定它的具体范围。虚空性存在的领域在我们能够直接或间接地感觉和感受到的范围之外，也就是说，虚空性存在是由人类的理性思辨来判断其存在的，其实存性是在与实体性存在的对比中得到认知的。虚空性存在的空间特征是无障碍，尤其是与实体性存在有着无间隙的空间结合，或者说是无间隙的空间叠加性。其实，在实体性存在的不同存在物之间，也有无间隙空间叠加性的现象，如热现象、场现象，即电场、磁场、引力场，等等，都和各种具体的存在物有着无间隙的空间结合性，也即无间隙的空间叠加性，都表现为空间相容的状态。而以粒子为结构基础的相对存在物在空间特征上则都表现为排他性、不相容的基本性质。在空间特征上，实体性存在分两种情况，即以粒子为结构基础的相对存在物在空间上具有排他性、不相容的特征；以场为存在形式的相对存在物在空间上表现为相容性、无间隙叠加的特点。而虚空性存在则全部表现为空间相容性、无间隙叠加的特点。用中国古代老子的话，就是"无有入无间"。

虚空性存在应该是连续无间断的存在，它的界限则应该体现在与实体性存在的对比关系中。并且，它与实体性存在之间也应该有着相互转化的关系。例如，一个实体性相对存在物在运动变化过程中，有可能转化为一种或数种其他的相对存在物，也可能分解为分子、原子，以及不断分解下去，再由激发状态的粒子态转化为非激发状态的场态，接着再继续转化或耗散，逐渐向虚空性存在转化。而虚空性存在则有着相反的运动变化趋向。老子还讲道："天下万物生于有，有生于无。"实体性存在和虚空性存在相互之间转换的具体途径、过程等问题，不是哲学要回答的，也不是哲学所能够回答的，它应该属于科学研究的领域。当然，就目前来讲，还没有达到解决或解答实体性存在和虚空性存在相互转换的具体问题的水平。

虚空性存在的界限在哪儿呢？可以这样来设想：虚空性存在界限的

起点在它与实体性存在共处的交界边际处，它的终点在人类关于虚空性存在的思辨能力所及的尽头处。因为我们是在相对存在领域里考察虚空性存在的，因此我们必须为它的存在设置一个界限，并且，我们还应该从虚空性存在中发现科学有可能进行探索研究的内容或方向，例如物理学界一直在寻找或试图证实的暗物质、暗能量、反物质等。很显然，这些东西还没有得到实证，处于科学假设的状态，因此，它们肯定还不能进入实体性存在的范畴。但是，我们现在从现实世界的种种迹象中都隐隐觉得有某种实在的东西在起着作用，这些东西因为我们不能在实体性存在中给予它们确定的解答，它们就隐身于虚空性存在之中。那么，类似于暗物质、暗能量、反物质的可能性存在内容可以启发人们对虚空性存在领域展开无限的想象，并且可以启发、引导科学研究的发展方向。可以肯定地说，虚空性存在中包含的很多东西将会转化到实体性存在中来，但是也可能有很多东西永远也不会向人类显现其真面目。从这个角度看，虚空性存在中将有说不完的话题。

　　把实体性存在和虚空性存在作为现实世界即相对存在领域的总体上的存在方式来看待，带有十分鲜明的以世俗眼光看世界的特点。以往的哲学家在讲到实体、实在等理念时，是绝对不会把各种相对存在物即天地万物包括在内的。他们把现实世界称为现象界，而这个现象界往往被看作虚幻不真实的、多变的、短暂的，总是处于从属被动的地位，因而是不值得重视的。非常有意思，宗教界、哲学界往往把纯粹精神性的理念、观念等称为实体、实在，认为只有精神性的抽象的理念、观念才是永恒不变的、真实不虚的存在，而现实世界则是令人讨厌的，是应该被抛弃的累赘。毫无疑问，这与我们实际生活中的感受和体验是根本不相符合的，与科学真理和现实世界的实际面貌也是不相符合的。脱离现实世界以及现实世界中的万事万物来谈论所谓的实体、实在、永恒、真实等观念，不能说明任何问题，最终必然走向宗教神学。轻视现实世界，轻视世俗生活，就是轻视人类自身，就是贬低人生的价值。

四、相对存在物的哲学意义

相对存在物肯定超不出实体性存在的范围，相对存在物范畴具有比实体性存在范畴丰富得多的具体规定性。而所谓的相对存在物，就是宇宙中实存的万事万物，赋予其一个哲学范畴的名字，就叫相对存在物。因为现实世界就是一个相对存在领域，作为现实世界全部存在物的总称，必须定名为相对存在物。

相对存在物按常识来看是最实在、最便于把握的对象。相对存在物是现实世界中的具体存在，其自身包含着种种具体的规定性，每一个相对存在物都是有限的。相对存在物作为一个有限的范畴，它就是可以下定义的。那么我们如何来定义这个相对存在物呢？最简单明了的定义即：相对存在物就是具有独立自存性的事物。最概括、最抽象、最普遍地来看，现实世界就是相对存在物的总和；最具体、最现实、最个别地来看，天地万物中，大到天体星系，小到基本粒子，也都属于相对存在物的范围。现实世界作为相对存在物的总和、总称、总概括，抽象到最纯粹的境界后，就将进入绝对存在的领域。而当我们把现实世界中的万事万物分门别类、分别探究时，这万事万物就一定是相对存在物了。在相对存在领域，哲学所探究的是每一个相对存在物都必然具有的属性，或者说所有相对存在物的共同的、普遍的、必然的种种规定性，具有最高抽象和最高概括的思辨特征。这就是哲学关于现实世界的思辨内容和学术特征。而现实世界万事万物的分门别类、具体各别、实际存在的种种具体规定性，则是科学研究的领域。科学研究有时也会借助于思辨的手段，但最终结果必须是实证的，并且是能够经得起反复验证的，是可以无限地重复的。

　　在这里，我们有必要分析探讨一下如何总和地看待现实世界和分析地看待现实世界的问题。当我们总和地看待现实世界时，它具有绝对的肯定性，是天地世界的万物之源，可以视同于宇宙本体。当我们分析地看待现实世界时，我们就看到了天下万物的千差万别和相对有限状况或性质。这是两个方向相反的思辨行程在同一个对象上展开，不在形式逻辑的同一律起作用的范围之内。我们来看一下中国哲人老子的两段话："人法地，地法天，天法道，道法自然"；"道生一，一生二，二生三，三生万物。""道"是老子哲学的核心，但自然才是老子哲学的宇宙本体和宇宙本体的终极存在状况。我们可以把"道"理解为对现实世界的最高概括和抽象。当我们以"道"为起点作向上的思辨行程时，所指向的是宇宙本体和宇宙本体的终极存在性状，即人法地，地法天，天法道，道法自然；当我们以"道"为起点作向下的思辨行程时，所指向的就是形而下之领域和天下万物，即道生一，一生二，二生三，三生万物。这是讲我们朝哪一个方向来看待现实世界的问题，不讲清这个问题，很容易被诡辩论钻空子，相对主义也历来是在这个问题上做文章的。

　　相对存在物一定处于实体性存在范畴之中，而且是实体性存在范畴的基础和核心的内容。如果我们离开了相对存在物，则任何问题都无从谈起。在现实世界中，只有具有独立自存性的具体事物，才是所有属性即种种规定性的承载者，各种关系、联系的联结者，各种运动变化的发出者和归宿——应该说，世界万事万物，也即我们在这儿定义的相对存在物，是现实世界也就是相对存在领域的最实在、最具体、最真实、最能够让人有切身感受的存在。所谓传统哲学中的世界本源问题，就是要探寻这相对存在物存在的依据或者说这相对存在物的来源、源头，用学术的语言讲，也就是世界的终极存在问题。所有的思想家、宗教家、神学家，都是绝对肯定这个终极存在的真实性而轻视、忽视乃至否定体现为世界万物的现实存在的。这个现实存在当然是以种种个别的相对存在物为基础、为核心的。理性哲学应该正视现实存在，立足于现实存在，绝对肯定现实存在。传统的思想观念乃至哲学思辨，都只是单向地把终极存在当作现实存在的本源、源头、终极因，而事实上，终极存在与现实存在是一体的。从人类认识的角度看，可以把终极存在和现实存在当作互为因果的两极来看待。理性哲学应该立足于现实存在，在充分展开思辨行程，进入终极存在并探究弄清了世界的究竟、存在的究竟之后，仍然要回到现实存在之中。而现实存在中，虚空性存在作为实体性存在的背景不可忽视，然而真正无限丰富的思辨内容要在实体性存在中展开，而相对存在物则是实体性存在的最具体、最实在、最直接的体现。所有的哲学观念、哲学范畴以及规律性、因果性，等等，都是对于相对存在物的性质或者相对存在物之间的关系、联系的探讨研究。因此，所有关于普遍性、必然性、抽象性、理念性的哲学问题，都是对于相对存在物及其相关存在状态、相关存在现象的普遍、必然、共有的各种规定性的探讨和认定。离开了相对存在物，一切的一切都将沦落到虚幻之中。相对存在物是所有思想观念、哲学范畴、规律、具体的规定性等的前提和基础。

五、相对存在物的空间结构和时间显现

相对存在物一定是种种具体规定性的综合汇集者、承载者，绝不会只具有单纯的一种具体规定性。即使从哲学的最高抽象和最高概括的层面上来看，种种哲学范畴也总是对所有相对存在物所共有的内容不同的普遍规定性的探讨、概括和认定。

下面我们将探讨相对存在物的空间结构和时间显现问题。

在此之前，我们曾经探讨了空间问题。但是，那是从绝对的意义上来谈论空间问题的，是把空间当作具有独立自存性的对象来看待的，是

探讨空间自身所独有的哲学意义，甚至我们可以说，是把空间当作现实世界的某种背景来看待的。而现在所要谈论的空间问题，则是把空间当作相对存在物所共有的普遍规定性来看待，于是要相对具体地探讨相对存在物的空间结构和空间关系问题。

我们先从三维空间或者叫三度空间谈起。所谓三维空间，就是立体空间的一般表述，最简单的含义就是长、宽、高三度，用三根线表达就叫三维。在几何学中，一维表达线段，二维表达平面，三维表达体积。如果用坐标来表达三维，那么平面上的横坐标和纵坐标为两维，而在坐标原点上再竖一根与平面垂直的坐标轴，就是第三维。所谓三维空间的基本含义就是这些。这样的空间表达，只是一种描述性的就事论事的表达，对于相对存在物的空间规定性，还需要作更深入的探讨。任何一个具有独立自存性的相对存在物，总是立体的、有体积的，但是有体积，未必一定可以用三维来表达，而且很多相对存在物的内空间结构也未必仅仅用三维形式就能讲清楚。我们为什么要对三维空间提出质疑呢？是因为历来的空间观念讲到空间问题时就只到三维空间为止，由此得出空间有限的结论。事实上，我们只能得出具体的相对存在物的空间范围及其空间结构有限的结论。而空间的维度问题并不只是局限于某个相对存在物的范围之内，而是所有的相对存在物都具有维度问题，而且所有的相对存在物内外以及相互之间的空间关系也都具有维度问题。因此，全面看待相对存在物的空间问题时，三维空间特征只具有大约如此的意义。

我们中国的传统观念中，与三维空间相似的概念是"六合"，有所谓六合之内、六合之外的说法。所谓六合，即上下四方之谓也，其典型的形式就是正方体。正方体有相等的十二条边和相等的六个面，由十二边六面形成的八个角的每一个角都是典型的三维形式，整体就是六合。以正方体来认识、把握三维空间的特征是比较直观明了的，而由正方体推演到其他各种形状的相对存在物空间形态上去，道理也是相通的。所以三维空间特征当得起从普遍的意义上讲大约如此的性质。然而，我们讲过，空间具有绝对的性质，一旦超越了某个具体的相对存在物的局限性，它的绝对性的东西就会显现出来。我们再来看一个标准的球体。球体从外形看是没有棱边的，到处都是相同的光滑的球面，于是，球面无维可言，或者说球面为零维度。然而，零并不是绝对的"无"，前面的思辨已经告诉我们，没有绝对的"无"。球体表面的零维度蕴含着球体整体的无限维度。为什么说球体的空间维度特征为无限维度呢？是因为决定球体空间范围大小的是球体的直径，而一个球体的直径在理论上讲有无限条，在实际上也是可以在球面上随意取一点，过球心到对面的球面即可。我们再把正方体和球体联系起来考察，则两者是可以互相包容的。正方体的边长只要大于球体的直径，正方体就可以包容球体；球体的直径只要大于正方体的边长到一定的程度，球体就能包容正方体。可见空间的三维特征和无限维度特征之间并没有绝对的界限，即使我们单从正方体来看，三维空间也是能向无限维度过渡的。当我们仅关注正方体的一个面时，那就是两维；只看一条边时，那就是一维；如果只关注某一点，那就是零维度。然而，过一点是可以有无数条线段的，那不就是无限维度了吗？在空间的维度问题上，我们应该破除传统观念，只能把三度空间特征当作大约如此来看待，而把无限维度当作空间维度特征的普遍性质来看待，以及当作空间维度问题研究的一般背景来看待。这样的话，我们在研究相对存在物的空间结构问题时，就会有极其广阔的余地。

相对存在物之间的空间关系最普遍的性质首先是它们都共存于同一个空间范围之中。无论你站在哪一个角度或者在哪一个层次上或者哪一个领域中，凡是我们能够把握的范围内，所有的相对存在物总是处在相同的空间场所中。我们站在地球的角度看，地球就是存在于地球上的所有相对存在物共同的空间场所；如果我们把关注的目标放到太阳系，则太阳系的空间范围就是太阳及太阳系的所有行星的共同的空间场所。更大的空间范围的性质和状况依次类推，以至无限。其次是在同一个空间场所中，各相对存在物是在相互参照比较中显示自身的独立自存性的。任何一个相对存在物，一定是在同一空间场所中和其他的相对存在物的参照比较中存在的。我们不能设想在某个空间范围内只有唯一的一个相对存在物，我们也不能设想某一个相对存在物没有任何参照比较的背景而能够独自显示自身的存在或不存在。相对存在物之间的空间联系应该有比较具体的内容可讲，但那主要是数学和物理学的领域，概括地讲，主要是相对存在物之间的相对方位和距离问题以及各相对存在物之间的联结问题。

相对存在物的空间结构特征一般是指某一个相对存在物自身范围内的空间特征，或者是相对存在物的内空间问题。而相对存在物之间的空间关系和空间联系则是不同的相对存在物之间的空间特征问题，也就是相对存在物的外空间问题。然而，由于我们可能会有不同的观察问题的角度，相对存在物的内空间和外空间的性质会互相转换。以太阳系为例，如果我们把太阳系作为一个相对存在物来看待，则太阳与地球以及其他行星之间的空间问题就是太阳系的空间结构特征，也就是太阳系的内空间问题；如果我们缩小范围，把太阳和地球以及其他行星分别看作不同的相对存在物，则太阳和地球以及其他行星之间的空间问题就是太阳和地球以及其他行星之间的外空间关系和外空间联系了。

我们在这里讲的是相对存在物的空间特征或者说空间表达问题，应该说相对存在物是被描述的主体，而空间只是这个主体的特征之一。然而，我们曾经断言空间具有绝对的独立自存性，而在相对存在物这里，空间却相对化、具体化了。这不是空间问题在同一层次、同一领域中的逻辑矛盾，而是空间在不同层次、不同领域中不同属性的显现。作为具有独立自存性的空间而言，其基本的属性就是无限的容纳性和无限的渗透性，它是连续不间断的，而作为相对存在物结构方式或相对存在物相互参照和相互联系的空间，是可以间隔和分离的，具有可感觉、可量度的特征。对作为具有独立自存性的空间和作为相对存在物的结构方式或空间表达的空间的探讨研究分别属于抽象思辨和具体可感两个不同的层次或领域，这是以往的空间问题论述和探讨还没有搞清楚的地方，导致空间问题在哲学本体论中成为附带的东西，或者是空间问题被任意解释为某个理论所需要的东西。

时间是相对存在物的存在过程的存续性显现及其量度，那么时间就一定是现实世界中的范畴。在现实世界中，时间始终不会具有基础性、前提性的意义。因此，时间倒流、时间旅行等所谓科学推论，在我看来都是无稽之谈。时间的哲学本体论意义就在于它是绝对存在领域与相对存在领域的界限，是现实世界的标记。凡是有时间标记的地方，就一定有相对存在物；有存在物的存在过程，就一定是现实的、具体的、确实的，是确定无疑的现实世界中的实际存在内容。任何一个相对存在物，从时间的角度看，都不能独自体现自身的时间，而总是在相互的比较参照中体现出各自的时间特征。因此，时间乃是相对存在物存在过程的存续性的参照比较关系。在一片纯虚空中，或者在我们人类一无所知的领域或范围中，我们是找不到时间标记的，也即那里没有时间属性。

从哲学的意义来看时间的性质，乃在于具有时间属性的相对存在物总是具体实在的存在物。而这个具体实在的存在物又总是有限的，是有生有灭的。只要涉及时间范畴，就总是现实世界中的内容，而且总是要趋向形而下的领域。时间既是现实世界的标记，又是人类认识现实世界中万事万物的普遍或通用的工具。时间对人类而言还有着特殊的意义。客观来讲，时间作为存续性的体现和量度，与显示人类生命存续性有关。时间显示每一个人的生命过程的长短。从主观上讲，每一个人都希望自己的生命过程尽可能地长久，而时间本来只是能够量度人的生命过程长短的工具，人们由于对时间本性的误解，往往认为时间能够决定生命过程的长短，时间承载着生命过程的存续性，于是追求生命永恒存续的人会主观地赋予时间种种神秘的性质，由此也就带来了关于时间认识的种种谬论。虽然时间并没有决定存续性长短的作用，但是时间具有显示和量度存续性长短的作用，因此人类就可以掌握和运用时间的这个作用或功能，来把握事物存在过程的节奏和阶段性特征乃至把握自身的人生节奏和命运的律动。

空间、相对存在物、时间这三个范畴，构成了哲学本体论关于相对存在领域即现实世界的核心范畴。西方传统哲学中的理念性的实体、本体对象其实是虚无缥缈的东西，而只有相对存在物、时间、空间三位一体地呈现在我们面前时，才是最实在、最真切的对象。这是对传统哲学本体论的根本性修正。传统哲学本体论不谈相对存在物，只谈相对存在物的共同属性或普遍的现象。打个不恰当的比喻，如果讲相对存在物是主体，则相对存在物的共同属性、普遍现象、逻辑关系就是相对存在物的影子，哪有不谈主体只谈影子的道理。传统的哲学本体论讲主体，一定是在我们前面论述的绝对存在领域，所谓的实体、理念、物质乃至于上帝，等等。这些都是处于绝对存在领域中的内容，相互之间并无差别，没有不同的具体规定性。事实上，绝对存在领域只是相对存在领域的来源或背景，并没有具体内容或具体规定性可言。因此，我们讲共性个性、个别一般，一定是相对存在物即现实世界中万事万物的共性个性、个别一般问题。在相对存在领域，所有的问题都是围绕着相对存在物展开的。传统的哲学本体论从来都没有处理好空间与相对存在物的关系，有的人把空间当作相对存在物的附属属性，仅仅把空间表述为相对存在物的存在方式，有的书上写成时间和空间是物质的存在方式。在我看来，这种表述要多混乱有多混乱。物质一词本就不伦不类，它既不是指某个具体的事物，也并不能取代绝对存在。因此，为了表达的便利，我把物质概念包含在实体性存在的范畴之中，泛指或特指世界万物，而空间范畴绝对超乎物质范畴之上。然而，空间的绝对存在性状竟被近现代科学毫无根据地否定掉了，那些理论物理学家不理解空间的根本性质在于无限的容纳性和无限的渗透性，其他所有的具体特性如维度、距离远近、规模大小、结构繁简、形态变化，等等，全都包含在容纳性和渗透性的基本性质之中。没有人敢于论断空间和相对存在物是不同的相对存在状态。事实上，它们既是并存并立的，又是互相依存的。我们所看到的世界总是这两种存在状态合并在一起，你既看不到只有空间没有存在物的状况，也看不到只有存在物没有空间的状况。我们不能无视这样的基本事实而随心所欲地妄下论断。时间被人们误解最深，最明显的错误就是把时间实体化，认为时间是事物运动变化的载体，事物必须依附在时间上才能运动变化，这颠倒了时间与相对存在物的关系。事实上，相对存在物不因时间而存在，而时间只是相对存在物的存续性的体现和量度，因此时间没有充当主体的资格。然而，时间是相对存在物存在的标记，只要有相对存在物的存在，就一定有时间标记；只要有时间标记，就一定有相对存在状态的存在。总之，空间、相对存在物、时间这三个哲学范畴在这里已经与传统哲学本体论中相关或相对应的哲学范畴有着根本性的不同。以这样的时空观为准则来观察思考问题，则宇宙大爆炸论非但是不能观察实证的臆想之说，而且在逻辑上也是完全不成立的。我们为什么要重建哲学本体论？我想第一个目标就是要破除科学迷信，破除科学主义，破除宇宙大爆炸的谬论。

六、相对存在领域的同一性和肯定性范畴

相对存在领域也即现实世界是统一的，各相对存在物也即世界万物相互之间是有机联系的。这是相对存在领域的基本性质，这个基本性质就是同一性范畴所要阐述的内容。

同一性不仅仅是人们感觉到的那样简单。

从源头上看，所有相对存在物的同一性都是由宇宙本体的绝对存在性决定的，因为绝对存在也就是绝对同一，这是哲学本体论的同一性范畴的最基本、最初始的含义。道理很简单，宇宙本体作为绝对存在而言，是唯一的、无可比拟的，从而排除了任何的差异性，没有任何东西可与之相对立、相并立。因此，我们讲宇宙本体的同一性乃是宇宙本体与自身的同一。这种同一性叫绝对同一性、直接的同一性。这宇宙本体与自身同一的绝对同一性或直接同一性是其他种种同一性的基础和前提，它是相对存在领域同一性的源头。

当我们把同一性问题从绝对存在领域转向相对存在领域后，有两个不同层次的着眼点，即现实世界总体的同一性问题和种种个体的相对存在物也即现实世界中万事万物的同一性问题。

现实世界是人类认识和实践领域的总和，是世界万物的总和。当我们把现实世界当作总和来看待时，它虽然具有范围的限制，是有限的，然而却消融了世界万物的具体区别，成了一个无差别总体。因此，作为总和的现实世界实际上已融入了宇宙本体之中，所留下的也就是一道淡淡的痕迹，即人类的认识和实践能力所能达到的界限和范围。因此，总体来看现实世界，它与宇宙本体一样，具有绝对的、直接的同一性。事实上，总体的现实世界也没有不存在，而是绝对的存在；总体的现实世界同样不具有否定的性质。现实世界的同一性问题在抽象的、可能的宇宙本体的同一性和具体的、现实的相对存在物的同一性之间起着承上启下的作用。中国老子有言："人法地、地法天、天法道、道法自然。"在这里，我们把人、地、天看作现实世界中的万事万物，把"道"看作具有现实世界总和的性质。"道"当然也具有现实世界、天地万物的根本法则的性质，而"自然"则是宇宙本体。老子还说道："道生一、一生二、二生三、三生万物。"在这里，"道"即是一，是现实世界的总和。"道"

向上，承接自然即宇宙本体；"道"向下，开启世界万物。现实世界总体的同一性可以看作与老子"道生一"的"道"有相似的性质。

当我们把目光转向现实世界的具体而实际的内容时，相对存在物以及相对存在物之间的同一性问题就变得丰富多彩起来。在这里，我们再把相对存在物的观念明确一下：相对存在物就是现实世界中具体个别的万事万物，它具有独立自存的性质，是种种具体规定性的综合或承载者。相对存在物是相对有限的、具体的、有条件的存在物。相对存在物的同一性有直接同一性和间接同一性两个层次。

我们先来谈相对存在物的直接同一性问题。所谓相对存在物的直接同一性，就是相对存在物与自身同一的性质。从形式逻辑的角度来看，这似乎是一个同义反复的说法，或者说叫循环定义的错误。其实不然。首先，哲学超乎形式逻辑之上，哲学要为形式逻辑提供基础理论。更重要的是，相对存在物与自身同一的性质是相对存在物具有独立自存性的基础和前提，它为相对存在物的确切存在提供了内在的、必然性的保证，是相对存在物具有确定性的基础。在古希腊哲学中，有一种怀疑主义观点，也可称之为诡辩术观点，就是讲事物无时不在变化之中，没有一样东西或一个事物是我们可以把握的。也就是说，相对存在物没有确定性，进而就可以把相对存在物说成是虚幻的，接着就可以否定现实世界的真实性。他们有一句名言：人不能两次踏进同一条河流。事实上，古希腊好多大哲学家都是比较轻视、忽视现世生活、现实世界，而向往神的世界、永恒的世界的，如苏格拉底和柏拉图都是这样的哲学家。那么，我们怎样来看待相对存在物与自身同一的性质与相对存在物自身包含的内部差异性和由产生到消失的生灭过程之间的关系呢？

现实世界中的所有事物（相对存在物）都是一个复合体，都是可以解析或分解的，然而它们又都是一个独立的整体，都是可以和其他事物相区别的。而各个具体事物与自身同一就是各具体事物的总体一致性和客观实在性的表达，它是直接的同一性。各具体事物与自身同一的直接同一性对各具体事物而言是绝对的、无条件的。正因为是与自身同一的直接同一性，所以即使各具体事物是可以解析或分解的，这个解析、分解的过程、运行轨迹以及各环节、各部分、各因素也都直接与自身同一，总有其自身的确定性、客观实在性和统一完整性。因此，各具体事物与自身同一是完全无间隙的同一，不可解析、分解的同一，它是世界万物具有客观确定性、完整性的理论基础，也是形式逻辑同一律的理论基础。世界万物与自身同一的性质是客观实在的具体事物显示自身存在的直接同一性，是在具体事物身上体现出来的直接同一性，其意义跟宇宙本体与自身同一的直接同一性不是等同的。它虽然也具有无条件的、绝对的性质，但必须是在某物存在的前提下才有意义。相对存在物的直接同一性是相对存在物所固有的自身肯定性。也正是由于相对存在物这固有的自身肯定性，我们才能够确信无疑地认定现实世界以及现实世界所包含的万事万物的实在性、实然性。这是我们彻底否定怀疑主义和彻底否定对现实世界和现世人生的虚无主义态度的理论基础和思想前提。

在相对存在领域中，相对存在物之间的联系和转化就是相对存在领域的间接同一性。相对存在领域的间接同一性的具体内容是由相对存在物之间不同的联系和关系体现出来的。而相对存在物之间的间接同一性也在本质上体现了相对存在物之间相互肯定、相互连接的关系，从根本上体现了现实世界在总体上的内在联系性和统一性的基本性质。

间接同一性的基本特征就是世间万物中不同个体之间的同一性，或者说是两个以上的各自具有完整性的个体之间的同一性。既然是间接的同一性，那就是说两者之间既有共同的连接点或叠加的部分，又有各自的区别于对方的界限。

间接同一性的第一层次的表现是同类事物的间接同一性。同类事物的间接同一性就是大家都有相同的基本性质，但在量的方面存在着差异性。当然，基本性质之外，也会存在着其他方面的差异性。

间接同一性的第二层次的表现就是共生性同一性。最简单地讲，不同的个体在同一个空间场所并存，也具有间接同一的性质。

间接同一性的第三层次的表现就是依存性同一性。这样的同一性特征表现为两种事物处于对立的状态，同时又互相成为对方存在的条件，一方的消失意味着另一方也随之消失，在一定的条件下，对立的双方还可能互相转化。中国道家的标志"太极图"就是这种间接同一性的最好表达形式。19～20世纪在世界上非常流行的哲学辩证法体系就是此一间接同一性原理的充分展开。在老子所著《道德经》中体现的辩证思想也主要强调了这一间接同一性的普遍意义，并依据这一原理对种种事物和社会人生现象做出判断和评价。

我们通过对现实世界直接同一性和间接同一性的考察，可以确定，现实世界中直接同一性和间接同一性作为抽象的绝对存在和具体的相对存在的表达和显现，具有如下几个基本性质：

1. 哲学同一性具有普遍的肯定性质，有同一性显示出来的地方就一定具有某种性质的存在，而存在总是具有肯定的性质。

2. 哲学同一性规定了宇宙中的平衡法则，并且使平衡法则具有宇宙基本法则的地位和特征。道理很简单，事物的直接同一性和事物间的间接同一性决定了事物的存续性和转化性是事物存在的普遍状态，而事物的存续性和转化发展是必须在平衡状态下完成的。没有相对的平衡状态，也就没有相对存在物的具体存在了。只要是共生的，就是平衡；只要是依存的，也是平衡的；即使是转化的，仍然是平衡的；哪怕是生灭消长的，也还是体现了一以贯之的平衡法则。同一性与平衡法则同在。

3. 哲学同一性是世界万物运动变化具有规律性的根本依据，是蕴含在规律性之中的内在规定性，所有规律性都是哲学同一性的体现。

肯定性范畴是同一性范畴的孪生兄弟。同一性决定了肯定性，肯定性是同一性的具体表达和体现。所谓肯定性，就是使世界成其为世界、事物成其为事物的根本性质。这是实存的世界和事物所固有的性质，它与生俱来地和世界的存在性联结在一起。存在就是肯定，有肯定必然有存在，抽象的存在有抽象的肯定性相对应，具体的存在物有具体的肯定性相对应。一般而言，肯定性应该是不言而喻的，我们为什么要把它当作一个重要的哲学范畴来看待呢？因为现在的世界太混乱，一些负价值的思想观念往往会对人们起作用，会导致人们产生破坏性乃至毁灭性的思想倾向。然而，肯定性作为世界的固有本性而言，只有建设性、创造性、和谐共存性才符合世界本性和自然本性。

七、因果性和必然性范畴

因果范畴可以作为同一性范畴的进一步深化。一般而言，因果性应该是相对存在物的间接同一性的表现形式之一。但是，因果性又不仅仅是间接同一性的表现形式那样简单，它还体现着相对存在领域的本质特征。我们说，只有在因果性的范围之内才是现实世界。那个自因为果又自果为因的存在是宇宙本体，超出了我们能够直接感知、验证的极限。只有在因果的界限之内，才是我们能够发挥自主性的现实世界。

因此，因果性既是现实世界的界限，又是现实世界的基本性质。在相对存在领域即现实世界中，任何一个相对存在物，也即世界上的万事万物，无不处于现实的因果链中。任何一个事物的出现，总有其出现的必然原因，而这个有其必然原因而出现的事物在这个因果关系中是作为结果而出现的，但它又会作为其他事物出现的原因而发生作用。现实世界中的因果关系是有限的、实在的，但当我们循着因果关系不断追溯时，这个由有限的因果关系形成的因果链在逻辑上将会是无限的。而且，由于一因多果和多因一果的状况是因果关系中的普遍现象，则因果链就不是单一线性的，而是复合网络化的。正是由于因果性是现实世界的内在而必然的性质，它也决定了相对存在物只能是相对有限的，是必然会有生灭变化的有条件的存在物。

正由于所有的相对存在物都处于因果关系的制约之中，所以高端的思辨领域始终把超越因果关系的自由当作追求的目标，无论是佛教还是基督教，都把不入因果作为最高境界的实现。然而，因果关系是现实世界的内在规定性，没有因果关系的地方就没有相对存在物，也就没有世界万物。超越了因果关系，就脱离了现实世界，脱离了现实世界中的具体而实在的存在内容。因此，理性的哲学思辨并不追求超越因果制约的境界，而只有宗教和为宗教服务的伪哲学才会把超越因果制约作为追求的目标。理性哲学思辨着重考察现实世界中的因果关系问题。在现实世界中，从因果关系的角度看，现实世界中的万事万物、种种现象，无论其产生或消失，都是必然的，都有种种必然的内外因果关系。所谓存在的就是合理的，主要就是指任何一种现实存在的事物或现象都有其存在的因果必然性，这个存在合理性非关价值判断或道德判断，而是它的因果性是事物或现象存在的因果必然性的表达或实现。

我们要在恰当把握好因果性的前提下来认识和把握事物的生灭过程和事物与事物、现象与现象之间的联系和转化的必然性关系，以指导人们的认识和实践活动。人类社会中进行的科学研究和探索、科学发明和创造，绝大多数也就是寻找既有事物背后的原因和既有事物在什么条件下可以引起预期的结果。科学研究和发明创造，就是寻找和利用事物或现象之间的因果关系。

从因果性范畴和必然性范畴的关系来看，因果性范畴是必然性范畴的原因，必然性范畴是因果性范畴的结果。当然，肯定性也表现为必然性，但肯定性只表现为实存的必然性，而由因果关系决定的必然性则包含了各种事物和现象之间各种关系和联系的必然性以及事物运动变化趋势的必然性。建立在因果关系基础上的必然性，其性质属于逻辑必然性，不可能在这个逻辑必然性的范围内出现例外现象。在本体论范畴中探讨必然性问题，所对应的范畴是超因果的自由问题而不是偶然性问题。从本体论的角度看，任何事物和现象的出现和消失，只有必然性，没有偶然性。这是因为因果关系总是必然的，而任何事物或现象的出现或消失，也总是处在相应的因果关系之中。我们曾经非常熟悉的德国哲学家黑格尔的一句名言"存在的就是合理的"说的也是这个道理，即凡是实存的事物或现象，都有其产生的必然性原因。这个所谓"合理的"判断，不是表明善恶的价值判断，而是表明客观必然性的逻辑判断。

　　至于在本体论范畴中的所谓超因果性的自由问题，虽然直接对应的是必然性范畴，但它自身其实是一个伪命题。在相对存在领域的现实世界中没有非因果性的存在物或存在状况，绝对存在领域消融了任何的具体规定性，无所谓自由不自由。于是，所谓超因果的自由问题，就必然性地走进了宗教神学。例如，佛教中就有个野狐禅在那儿狐疑入因果还是不入因果，而基督教则认为上帝就是超因果的存在。因此，理性哲学或理性的哲学思辨理应把所谓超因果的自由看作伪命题。

八、否定性是相对的、具体的

　　接下来，我们要探讨的是相对存在领域中的否定性问题。这个否定性的问题是相对存在领域的一个关键问题。可以这样说，没有否定性也就没有相对存在领域的相对性特征了。我们在论述绝对存在的时候曾经非常绝对地讲过，绝对存在就是绝对肯定，没有否定。肯定可以是抽象的，也可以是具体的，因此肯定可以在绝对领域使用，也可以在相对领域中使用。而否定则必然是具体的、相对的，因为否定如果没有具体对象、具体内容的话，就等于什么思想都没有表达。比如，讲有没有的问题，总要说出有没有什么事物才行，而"不是什么"的判断，也总是要有具体内容的，比如讲牛马不是植物，美国不是亚洲的国家，等等。因此，否定性在绝对存在领域是没有任何意义的，而在相对存在领域，否定性可以说是相对性、有限性、差异性的最基本、最直接的原因了。

在本体论关于存在方式的特征中来讲否定性问题，绝对不存在价值评价的意义，而只是讲相对存在领域的存在方式的某一种关键性特征。可以说，没有否定性，就没有相对存在领域。我们知道，相对存在领域是从绝对存在领域中凸显出来的部分。这个凸显出来的部分最显著的特征就是具有不同存在方式的种种具体特征，这种种不同的存在方式决定着相对存在领域也即现实世界是由千差万别的事物组成的，而大千世界中万事万物的区别、界限就是由否定性决定的。如果我们拿肯定性和否定性来做一个比较，就知道否定性对相对性的认定有多么重要了。所谓肯定性，可以用 A 是 A 来表达。当我们讲 A 是 A 的时候，可以把它看作绝对的、无条件的，可以不涉及相对的范畴。而当我们讲否定性，例如 A 不是 B 的时候，那就一定是 A、B 两立，差异性、相对性立即显现出来。这是从逻辑思辨上来看待否定性对相对存在领域而言的意义所在。

在现实世界中，否定性的首要作用和普遍意义就是使现实世界显现出万千气象、千差万别。而各种事物之间的区别和差异，其最基本的依据就是"A 不是 B"的否定性。这个"A 不是 B"的否定性把现实世界中不同类别的事物区别开来，还把同类的事物也区分了开来。凡是具有独立自存性的相对存在物，在"A 不是 B"的否定性的作用下，哪怕是两粒相同的沙子，甚或是原子，也同样可以被区别开来。所以说，否定性作为相对存在领域的普遍特征，使整个现实世界万象纷呈、界限分明，一直达到任何可能的细枝末节处。这"A 不是 B"的否定性，是相对存在物之间的差异性、区别性的主要原因，也是相对存在领域的相对性的主要原因。

　　进一步考察，我们可以看到，否定性还是决定相对存在物有限性的基本因素。所谓相对存在物的有限性，最简单明了的表达就是相对存在物的时空有限性。相对存在物的空间有限性其实已经包含在"A 不是 B"的否定性表达之中了。作为具有独立自存性的相对存在物，其首要条件就是要有一个空间界限，这个空间界限也就是 A 与 B 互相否定、各自独立自存的否定性关节点，同时也是它们各自的空间有限性的表达。

　　相对存在物的时间有限性，就在于任何一个相对存在物都有一个产生、存续、消灭的过程，也就是说，总有一个时间上的开端和一个时间上的终结。这是任何一个相对存在物的外在的生灭过程，而其中内在起作用的决定因素就是否定性。一般的天体存在，往往要用亿年为单位来表达，用人们的常规经验难以把握。但宇宙学知识告诉人们，日月星辰也是有生灭的，也是有内在的否定性因素在起作用的。而用一般的生命现象来看事物的生灭过程是最直观的。一个生命的产生是一个肯定的现象，但对于没有这个特定生命的状况就是一种否定。一个生命的生长发育过程，事实上对这个生命的过去是一个否定过程。当这个生命走向死亡时，就是对这一个生命的彻底否定。这个否定作用既是这个生命的内在规定性，当然也有外部否定性因素在起作用。因此，正是相对存在物和相对存在领域自身所具有的否定性因素，才使得相对存在领域中的任何存在现象都是有限的。

　　否定性范畴对相对存在物的意义，从普遍性的角度看，就是决定了相对存在物之间的差别性、界限性，所谓大千世界，气象万千，所谓老子讲的"常有，欲以观其徼"。从本质性的角度看，它决定了相对存在领域的相对性和相对存在物的有限性。而对于相对存在物的有限性，我们可以把相对存在物的存在过程、时间显现、有限存在贯穿起来考察。

　　在相对存在领域，所有的相对存在物也即世界万物及现象的总体存在特征就是过程化。所谓过程化，就是任何一个相对存在物或任何一种相对存在现象，都总是有一个从产生到消失的过程。在现实世界，我们绝对看不到只生不灭的东西或现象，也绝对看不到只有东西消失，没有东西产生的状况。这个生灭的过程，也即现实世界的否定性特征的显现，也是现实世界所固有的、必然的本质特性之一。如果没有这个固有的否定性质，则凡存在的东西将永恒不变，则现实世界将是死寂一片，既无运动变化，也没有勃勃生机，这是无法想象的。但是，现实世界的生灭变化都有很实在、很具体的内容，并非可以随意地用生、灭两个词来糊弄人。这个实在的内容，大到日月星辰，小到基本粒子，中间一层是天地万物，最重要的当然是人及人类社会，都是过程化的存在，都是有生灭变化的。时间的基本性质，就是相对存在物或相对存在现象的过程化的表达和量度。因为任何一个过程化的存在，总有一个从产生到消失的持续存在的过程，而时间必定是以产生为起点，一直量度、显现着持续存在，到这个持续存在的消失处，就是这个过程的时间终点。在这里，我们必须运用零时间的概念。所谓零时间，就是任何过程的产生和终结时的时间特征。相对应的是在零时间状况下发生的实际变化，其速度为无限速度。从普遍的视野来看，所有不同事物、现象、过程的间隔处，或者说开始和结束处，相对应的都是零时间和无限速度的状态。而相对存在领域中的有限性就是以零时间和无限速度为界限的，它也是否定性显现的关键之处。

九、相对存在领域中的有限性与无限性问题

现实世界万事万物中的每一个具体事物，从其当下存在和特有的基本性质来看，是具体有限的，它们总有产生到消失的过程，我们讲这个过程总是有限的。因此，某个具体事物总是有限的。然而，任何一个具体事物也总是宇宙本体的个别的、具体的显现，蕴含着抽象存在的普遍

特征，因此，当它运动变化成其他存在物或存在状态时，它的当下存在的具体有限性就让位于变化发展的抽象可能性的绝对无限性了。这蕴含在每一个具体存在物中的抽象的、可能的普遍无限性，不是靠感觉实证而获得，而是通过我们的纯粹抽象的思辨途径获得的。这个蕴含在个体有限事物中，并通过个体有限事物的连续不断的无限展现而显示出来的无限性，不是子虚乌有的，而是在我们的传统哲学中也有着深刻研究的"实在""实体"所具有的特征上体现出来的绝对无限性，是确实而永恒地存在着的。

　　我们怎么来理解这个问题呢？中国有句哲理性名言："一尺之棰，日取其半，万世不竭。"这是讲事物的无限可分性的，同时也包含着事物的实在性、存在性永恒的意思，也即事物的抽象性质的无限存在的意思。我们可以把这个过程展开来研究一下。当一段竹竿或木杆一分为二的时候，我们眼前的竹竿或木杆的基本性质还没有变化，但是当我们连续不断地对之一分为二时，竹竿或木杆的具体形状很快就会在我们的眼前消失。然而，竹竿或木杆的形象在我们的眼前消失后，在我们的观念中，总有那留下来的一半竹竿或木杆。事实上，到了这个程度，竹竿或木杆的具体有限的实体已经不复存在，至少是我们无法感觉到了，而总有一个存在物继续存在于我们的观念中，这个存在物也总是可以让你日取其半的。也就是说，当竹竿或木杆的具体形象消失之时，我们日取其半的现实活动其实已经无法继续下去了，而我们的思辨行程才刚刚开始，也即我们从现实的、具体的日取其半的感性实践活动领域进入了思辨的、抽象的、可能性的领域，在可能性领域中，这个日取其半的过程将可以无限地延续下去。这对于庸常之人而言是无法理解的，在西方传统哲学思想中，也一直被讨厌而力图避免。但是，对于有限性与无限性这一对范畴的关系，必须这样来理解。这对于我们理解西方传统哲学中的种种悖论问题，可能是一把万能钥匙。

我们前面曾经讲过，绝对存在领域具有绝对无限的性质，而相对存在领域则是一个相对有限的领域。那么，有限中怎么会包含着无限，有限又怎么可以展示无限呢？在回答这个问题之前，我们必须重新温习一下相对存在领域与绝对存在领域的关系问题。首先，我们要明确相对存在领域并不是对立，也不是并立于绝对存在领域的，而是包容于或来源于绝对存在领域。相对存在领域是绝对存在领域的显现。因此，绝对存在领域所具有的性质是可以也必然会传递到相对存在领域的；而相对存在领域所具有的性质，也必然会包容在绝对存在领域之中。因此，从最一般的逻辑关系上讲，有限与无限这两个范畴也应该是紧密结合，而不应该是相分离的。

那什么叫有限呢？也就是说，我们怎么来给有限下定义呢？说起来，有限是一种性质，是所有相对存在物所共同具有的性质，是相对存在领域所固有的性质。然而，我们很难就性质论性质，而是必须结合这个性质的承载者即相对存在物和相对存在领域来谈这个性质。这个问题在前面论述相对存在领域的时候已经谈论过，现在则是要从另一个角度来看。所谓事物的有限性，就是事物的有界限性，有限性也即相对存在物乃至相对存在领域的界限性。所有相对存在物即现实世界中的万事万物，大到日月星辰、山川河流，小到花草树木、飞禽走兽，甚至沙粒灰尘，都总是有界限的，其界限可以从各个方面显现出来。从显著的特征看，首先是空间范围的界限，这是最容易被人们认识和接受的；其次是时间长短的界限，现实世界中的任何一个具体事物总是有一个生灭的过程的，也即总有一定的时间寿命。这时间与空间的有限性，是世界万物有限性的基本的、显著的特点。而世界万物有限性的内在必然性则是由事物的有条件性决定的。任何一个事物都有其存续的条件性。例如，沧海桑田的变化是由地壳运动决定的，沙漠变绿洲、绿洲变沙漠是由气候的干旱与湿润的变化转换引起的。

　　总之，相对存在物、相对存在领域的有限性是很容易为人所理解和接受的，而在有限的相对存在物和相对存在领域中蕴含着无限性并能够展示无限性的观点则是会遭到很多质疑甚至被否定的。这一点尤其在西方哲学中是一个魔咒，如康德的两论悖反或者叫两律悖反就主要是反对这个观点的。所以康德只讲认识论，只讲现象界，而否认现象背后的实质性或实体性存在的可知性。而西方传统哲学对无限范畴的回避，尤其是对所谓"恶的无限"的厌恶，说明西方本体论哲学有着多么大的局限性。那么，有限的相对存在物和相对存在领域所蕴含的无限性是什么意思呢？简明地讲，这个无限性就是对相对存在物和相对存在领域的界限性的超越。也就是说，相对存在物和相对存在物之间的界限性不是绝对的，因此是可以超越的。这种对界限性的超越，不仅仅是在一个层面上或一个领域中的超越，可以说是存在着全面性、普遍性的超越。

　　首先，我们来看相对存在物的无限可分性问题。前面我们曾经提到过一句话"一尺之棰，日取其半，万世不竭"，这就是事物的无限可分性的表达。任何事物总是可以分解的，从事物的结构层次来看，以分子为基点，往微观方面看，可以无限地解析下去，无论你达到哪一个层次，还总是可以解析下去，即使到了虚空性的境界，那解析的内容就更丰富了，宇宙中没有纯粹单一的事物。往宏观方向走，可以进行无限的组合和连通。其次，事物的不断转化，也是对事物界限性的超越，比如讲水分子可以分解为氢与氧两种元素，氢与氧自身还可以分解为别的东西，也可以与其他元素化合成别的分子，等等，这是一个永远也不会停止的事物转换过程。在类似的最简单的事物转换的基础上，更有着丰富繁杂的事物运动变化内容，这也是有限的相对存在物中所蕴含的无限性的重要内容。最后，以上都是从具体内容来考察相对存在物所蕴含的无限性问题，我们还可以从比较抽象的因果关系、数学领域来考察相对存在物和相对存在领域中的无限性问题。我们知道，相对存在领域中的具体事物无不处在或简单或复杂的因果关系之中。如果我们循着某一个因果关系链条或网络走，这个因果链就会显现出无限性的趋势。这在西方哲学中也是不被接受的。于是最后西方哲学请出上帝，把第一因和最终果都归结至上帝那儿。然而上帝既然进入了相对存在领域，那么我的逻辑是一定要追问上帝产生的原因的，所以在相对存在领域根本无法确定第一因。在任何人论定某处某物为第一因的背后，因果链或因果网络其实仍然没有中断，还得延伸下去。

数学中的无限性内容和无限的概念，当然与个体的相对存在物以及具体的存在内容有很远的距离，但数学是抽取了相对存在物和相对存在领域的一种普遍的存在性质，表达了相对存在物之间和相对存在领域之中的一种内在的、必然的普遍关系，具有更加深刻的意义。

综上所述，相对存在物和相对存在领域所蕴含和展示的无限性特征是确定无疑的，哲学本体论不能回避甚至否认它的存在，西方哲学在这个问题上存在着重大的缺陷。然而，我们还应该明确意识到，相对存在物和相对存在领域所蕴含的无限性与绝对存在领域的绝对无限性是有着本质上的不同的。绝对存在领域的绝对无限性是无条件的、任意的无限性，是纯粹抽象的、没有任何具体内容的无限性。而相对存在物和相对存在领域所蕴含的无限性则有着很确定的具体内容，不同层次、不同领域所蕴含的无限性有着不同具体规定性的制约。当然，相对存在包含在绝对存在之中，因此，有着具体内容的无限性也一样包含在无条件的、任意的无限性之中。因此，相对存在物和相对存在领域所蕴含的无限性应该是我们的思辨行程向着绝对存在领域行进的过渡和中介。我们只有把握住了相对存在物和相对存在领域所蕴含的无限性，才能进一步把握、领悟绝对存在领域的绝对无限性。

有限的相对存在物和有限的相对存在领域蕴含着无限性。这不是一般的形式逻辑所能够涵盖的范围，而是哲学本体论所要辨析的一个重要问题。所谓有限的相对存在物和相对存在领域，就是我们身处的现实世界，它有着无可置疑的现实性，是可以实证的，也必须被实证。而相对存在物和相对存在领域蕴含的无限性则全然是处于很确切的可能性或趋势性中，它只能用理性的思辨来把握，是在思辨领域中展开的。所谓很确切的可能性，是指那种无限性有着具体的趋向性内容并实然性地存在着，它一定会以某种方式展现其存在。但是，在那种可能的无限性转化为现实性的过程中，这种可能的无限性就不断地向着现实的有限性凝结。比如当"一尺之棰，日取其半，万世不竭"的可能性转化为现实的一尺之棰连续三天日取其半后，这连续三个日取其半的棰数仅为八，而这个八是有限的。它的连续不断的日取其半只是一种可能性，有着万世不竭的趋势。但是，没有哪一个人能够把这个日取其半的工作无限地做下去。因此，不断地日取其半的过程，也就是把可能性中的无限趋势的内容不断地转化为有限的现实性。而"日取其半，万世不竭"的可能性和趋势性仍然存在着。

十、连续性和间断性问题

世界从根本性上来讲是连续的，但是我们能够直接感到的是具有间断性的世界。其实这是一个命题的两个方面，世界的连续性和世界的间断性是紧密结合而又有明显的区别的。所谓连续性，就是事物的无间隙性、无界限性。所谓间断性，就是事物之间有界限、有间隔的状况。我们以线段为例，当一线段为实线时，该线段就是连续的；当一线段为虚线时，该线段由各不相连的点组成，则组成该线段的各个点就是间断的。

我们讲世界从根本性上来讲是连续的，是因为你无法想象两个相邻的事物是绝对断开、不相连接的，至少它们存在于同一个空间背景之下，这空间就是绝对的连续性的桥梁。当然，仅仅这样来解释世界或事物及事物之间的连续性，说服力不强。那我们接着进行具体分析。首先，每一个完整的、具有独立自存性的相对存在物在整体上而言是连续的，这不需要更多的证明。当完全相同的相对存在物个体连续不断地出现时，也属于连续的性质，可以用数学中连续的自然数列 123456 来表达。当它们集合组成一个整体时，还是连续的。其次，有因果性关系的变化过程、发展趋势、运动规律则表示不同事物与不同现象之间连续性的内在必然性。最后，不同种类事物的互相转换是事物变化发展的普遍现象，哪怕是平时看来相去甚远、互不沾边的事物，也可以经过种种转换过渡而联结起来。事实上，从现实世界的因果性来看，这事物之间的因果链、因果网络（我们应该立体地看待因果网络）就决定了世界从根本性而言是连续的。

而我们能够直接感受到的则是具有间断性的世界。所谓间断性，就是相对存在物相互之间可以相互区别的性质。比如讲高山与绿水的区别、天与地的区别、白天与黑夜的区别、同类事物中不同个体之间的区别。天下万物之间的间断性区别，最一般地表现为空间的界限以及时间的先后顺序和间隔。这个世界的间断性特征和否定性范畴有异曲同工之妙，只有不同事物与现象之间具有间断性，我们才能对之分辨认识，才会有分门别类的科学知识，才会有天下万物千差万别的万千气象。中国古代先哲老子说："故常无，欲以观其妙；常有，欲以观其徼。"什么意思呢？就是讲宇宙本体之绝对存在奥妙无穷，而"常有"即天下万物界限分明、千差万别。如果我们变通一下来理解的话，那"常无"所体现的就是连续性特征，"常有"讲的就是间断性特征。间断性特征是现实世界相对性的基本性质之一，也是最容易被人们直观地把握到的。然而，我们直观地把握到的间断性只是对其的一个肤浅的了解，只有当我们把间断性和连续性结合起来看时，我们才能从更深刻的层面上来把握它们。

前面讲过，连续性和间断性问题是一个命题的两个方面，那我们怎么来理解这个问题呢？应该说，连续性和间断性紧密结合的基本特点就是间断性，是以连续性为背景、为基础而显示出自身的特点，间断性离不开连续性，没有绝对的间断性。前面曾经讲过，在同一个空间场所中，即使是两个不相连接的事物或现象，也被无间断的空间连接、包容在一起。有的人会认为这有点牵强附会，然而实际情况是，间断的事物和现象不光是被空间连接、包容在一起，而且还一定被种种的中介过渡或事物和现象的转换关系联结在一起。这是讲的间断性和连续性结合的一般状况，我们着重要探讨的是无间隙的间断性和有区别的连续性。

所谓无间隙的间断性，就是两种不同的事物或现象无间隙地连接在一起。以人的身体为例，从外形看，人的身体由双手、双腿、躯干、头组成，从手、腿、躯干、头作为不同的组成部分来讲，它们之间是具有间断性的关系；但是，人作为一个整体来讲，这些组成部分又是无间隙地结合在一起的。同时，人作为整体来讲又是具有连续性的，这个连续性就表现为有不同区别的各部分无间隙地结合的性质。这是从静态的方面看，我们再从动态的方面来看：人的一生要分为好几个阶段，即婴儿、童年、少年、青年、中年、老年，等等。这人生的不同阶段显然具有间断性的特点。然而人的一生的过程本身却又是连续性的，而且在人生各阶段之间也显示出无间隙间断性的特征。还有地球上的昼夜变化和四季转换，也都显示着无间隙的间断性和有区别的连续性互为条件和紧密结合的特征。天下万物无不处于运动变化之中，并且总是表现为一个过程向另一个过程的转换或转变，也就无不体现为无间隙间断性和有区别连续性的紧密结合。

无间隙的间断性和有区别的连续性的特征，其关键之处就是间断性和有区别的连接问题。我们前面讲过，现实世界从根本上来讲是连续的，只有当我们把世界万物分别看待时，才把种种相对存在物、相对存在状态、种种不同的现象、运动变化过程定义为具有间断的性质。然而，我们又必须认识到，任何具有间断性的相邻而各有其自身存在范围的相对存在物，无论这相邻的相对存在物是同种类的还是不同种类的，总是无间隙地相连接的。比如，讲一张桌子放在屋子中，那么这张桌子与空间场所无间隙相连接，这间屋子也是与空间场所无间隙相连接，则屋子与桌子都通过与同一个空间场所的无间隙连接而连接到了一起。这当然是一种最普遍、最一般的间断性的无间隙连接，而更能说明问题的是，事物运动变化是一个过程向另一个过程转换的无间隙连接和两个不同过程是有区别的。我们来看地球上的昼夜变化，地球的昼与夜虽然具有最明显的区别，然而，昼与夜却是无间隙地连接在一起的，地球上一年四季的变化也同样如此。在实际情况中，我们可以看到，两个事物的分界线或分界点同时又是它们之间的连接点。我们如何来理解这个关键的分界线或分界点同时又是连接点的特征呢？我们必须从事物的运动变化过程以及这个过程的时间、运动变化的速度和空间特征来把握。在这个无间隙的间断处，空间处于无差别状态，也即两个相邻的相对存在物和两个相邻的运动过程的间断点共处绝对同一的空间场所；在这个无间隙的间断处，时间量度为零，如果时间不为零，空间场所不可能处于绝对同一的状态；在这个无间隙的间断处，运动变化的速度为无穷大，也就是处于无限速度状态，因为在这个地方，事物运动变化的过程发生了，空间距离为一，时间为零（也可视作无穷小），速度即为无穷大。实际上，我们可以把任何有差别而又相互连接的两个事物或过程之间的界限都看作零时间和无限速度的状态。

十一、有序性是人们认识把握现实世界的客观基础

相对存在领域的有序性范畴也是我们要特别关注的问题。可以说，

有序性是人类产生的先决条件，也是人类谋求自身生存发展的先决条件。如果没有了有序性，人类将不知自身会置身于何种状态之中。因此，有序性是相对存在领域所固有的性质，我们要具体准确地把握存在方式，就是要把握好有序性问题。所谓有序性，就是相对存在领域中相对存在物之间的必然关系和联系以及相对存在物运动变化的必然趋势。事实上，共存共生的相对存在物之间总是有序的，否则相对存在物就无法既显示出各自的独立自存性，同时又实现相互之间的联系和转换。这是不需要有太多论证的，甚至是不证自明的，只要做出恰当的说明就可以了。

世界的有序性，其基本特征就是相对存在领域中相对存在物之间的必然关系和联系以及相对存在物运动变化的必然趋势。关键是在必然性上，如果没有必然性而只有随机性，则有序性就无从谈起。而事实上，我们前面探讨的同一性范畴、因果性范畴、否定性范畴都决定了世界万物之间的关系和联系以及事物运动变化的趋势总是必然的。从因果性范畴的角度看，世界万物的生灭变化都是必然的，没有偶然性。偶然性只在人类的认识和实践的范畴中才有意义。就客观世界自身而言，只有必然性，没有偶然性，所以才有"存在的就是合理的"一说。这个合理性就在于它的存在有其内在的必然的因果性。而相对存在领域和相对存在物都有其相应的有序性，从而对人类而言，就从世界自身，也即从客观方面为认识论提供了确切而坚实的基础。

相对存在领域和相对存在物的有序性，从哲学的角度看，从抽象到具体可以分为三个层次：第一个层次为逻辑必然性，体现了相对存在领域和相对存在物的最抽象、最一般、最普遍的关系和联系。第二个层次为数学秩序性，数学所表达和反映的关系和联系有着相对具体的内容，比如讲基数词，那就是对具有独立自存性的同类事物的数量表达，序数词则是对众多事物或现象的有序排列，而数学公式则本质上就是事物结构秩序、运动趋势规律的表达。第三个层次为科学，科学所显示的是各类事物本质属性和各种具体的、内在的规定性以及运动变化规律，有着无限丰富的具体内容。从有序性对人类的意义而言，只有把握了客观世界的科学有序性，才能最终解决人类的生存和发展问题。逻辑、数学、科学这三个方面的有序性特征既有内在的联系，又有各自的不同特点。

逻辑的基本性质是什么呢？是显示世界有序性的基本要求，即客观事物或现象之间的必然关系和联系。按照传统的观点，逻辑是很主观的东西，一般都被定义为人类思维的规律和规则，是被当作人类的思维特征来看待的。而事实上，人类的思维不是凭空产生的，思维的内容也必须是有实际意义的。因此，人类的思维规律和规则是受到客观事物和现象的实际状况的规范和制约的。逻辑作为客观事物和现象之间的必然关系和联系的最普遍、最抽象的表达，是人类思维活动不可超越的界限、不可违背的制约限定，从而凝固成为人类思维活动的规律和规则。这是有序性在逻辑特征上的哲学本体论意义中最本质、最核心的东西。

逻辑作为思维的工具是人所共知的，但是逻辑的哲学意义则是一直没有被人们看透。通常的观念是这样的：逻辑是研究思维规律和规则的学问，或者说逻辑是研究思想形式及其正确性的学问，如此等等，还可以做出性质相似的种种定义。一般而言，当人们把逻辑当作逻辑学知识来讲授时，以上的种种表述或定义都不能算错。但是，人们并没有深究逻辑为什么能够充当思维工具，而且当人们运用这同一个思维工具来思考探讨同一个问题时，为什么可以得出两个完全对立的结论或观点。德国大哲学家康德利用一般的逻辑推理方式，得出了四个两论悖反的结论，从简单的意义上去理解，就是我既可以用同一个逻辑体系证明上帝的存在，也可以用它来证明上帝不存在。那么，这样的思维工具还有什么用呢？要解决这个问题，我们就必须厘清逻辑的实用意义和逻辑的哲学意义以及两者之间的关系。

逻辑的实用意义乃在于逻辑是思维的工具。人们的思维活动必然会有相应的逻辑结构，人们的思想观念及其表达也必然要通过相应的逻辑规则及结构来体现。逻辑乃是思想的承载者及思维活动和表达秩序的内在规定性。所谓思想的承载者，就是指人们的观念和思想必须通过逻辑的基本材料即概念和判断来承载和表达；所谓思维活动和表达的秩序，就是在概念和判断的活动和组合中，必须依据相应的具有内在强制性的逻辑规则。而逻辑的哲学意义则在逻辑的范畴之外，它所要解决的问题是逻辑学自身各要素的有效性和合法性问题，其中最主要的就是概念和判断的真假问题。这个问题逻辑学自身无解，而需要我们在弄清其哲学意义的基础上来解答。

那么，逻辑的哲学意义是什么呢？或者说逻辑的本质是什么呢？逻辑的本质是对客观对象及其本质特征以及客观对象、客观现象之间普遍必然的关系和联系的认定和表述。我们前面讲逻辑有两个基本材料，即概念和判断。那么，概念就是对客观对象及其本质特征的认定和表述，判断就是对客观对象、客观现象之间普遍必然的关系和联系的认定和表述。因此，逻辑作为思维工具、思想表达工具，不是由人的主观随意决定的，而必须受主观正确反映客观这一根本规定性的制约，所以在逻辑上有概念和判断的真假问题。在逻辑推演中，无论是概念和判断为假还是不符合逻辑规则和规律，推演结论都不能成立。逻辑学自身并不能解决概念和判断的真假问题，只是要求概念和判断必须为真，否则推论无效。事实上，概念和判断的真假问题必须由科学实证来解决。这就决定了逻辑本质上是对客观对象、客观现象有序性的表达，或者说逻辑规则和规律是客观世界有序性在人类思想认识中的反映。逻辑规则和规律对人们思维活动和思维表达的规范和制约实质上是客观对象、客观规律、客观事实对人类思维活动和思维表达的规范和制约。因此，逻辑并不是人类凭空创造出来的纯主观规范、规则，客观对象、客观现象、客观事实必须适应这个规范、规则。这是一个颠倒了的看法。逻辑规范是客观对象、客观现象、客观事实自身固有的普遍、一般、必然的内在规定性，被人们认识把握后，既规范、制约着人们的思维活动，又成了人们有效的思维工具，运用于组织、构建、认识、把握客观世界的知识及知识体系以及表达、沟通关于客观世界的知识及知识体系。

逻辑作为思维工具，具有实际运用的实用有效性评价；逻辑作为对客观对象的真理性认识或真理性表达，则具有哲学认识论的有效性评价。这是两种性质截然不同的有效性评价。逻辑的实用有效性在于能否说服人，能否使思维行程行得通，只要严格遵循逻辑规律和规则，具有自身内部的逻辑自洽性就可以了。然而仅仅做到这一点，并不能保证思维的准确性和真理性。逻辑所具有的思维的准确性和真理性是由哲学认识论的有效性作保证的。而哲学认识论则主要是判定逻辑大前提是否具有真理性，逻辑结论与逻辑大前提是否具有必然的关系和联系，就能够解决逻辑本身的有效性问题了。

人类思维活动具有多种不同的逻辑运用要求。首先当然是认识要求，即对逻辑表达思想的准确性和真理性要求，这就需要逻辑的哲学认识论的有效性保证了；其次是想象（情感）和理想表达要求；最后是说服力要求。不同的表达要求对逻辑大前提准确性和真理性的要求是截然不同的。当人的思维活动在于认识和表达客观世界、客观事实、客观现象时，人的主观受制于客观，逻辑大前提必须是真实准确的，具有科学真理性；当人的思维活动在于想象（情感）和理想的表达时，则具有很大的主观随意性，逻辑大前提只要得到别人认可就行了；如果仅仅在于说服人或坚持己见，则逻辑也能用作诡辩。我们现在首先来探讨逻辑的哲学意义，也就是在哲学认识论的范畴中来研究逻辑问题，那么，我们必须探讨研究逻辑大前提的真理性问题，也就是说，能够充当逻辑大前提的思想观念的真理性是如何得到的。

能够充当逻辑大前提的思想观念都必须具有客观的、必然的真理性，它必须经过科学实证才能得到。当然，通过经验实证的思想观念也是有资格充当逻辑大前提的。我们先来考察科学实证的问题，以爱因斯坦的相对论为例，爱因斯坦的相对论集人类近代科学成果之大成，相对论关于时空的相对性问题一般人搞不清楚，但是在相对论指导下的航天航空科技发展成果就是对相对论理论的科学实证。还有核科学技术的发展，也是在相对论关于质量和能量可以互相转换的理论指导下实现的，这个著名的公式就是能量等于质量乘以光速的平方。因此，相对论不仅得到了反复的科学实证，而且已经成为人类社会科学实践到目前为止的最高科学理论指导。科学实证对于科学真理的意义是毋庸置疑的，可以说科学实证是获取科学真理的唯一途径。其次我们来看经验实证，最具有普遍意义的就是我们的国粹中医中药。中医中药不具有西方经典的科学理论形式，基本上属于经验性医药体系。但是中医中药确实能够防病治病，因此中医中药的基本原理作为分析病因病情、确定治疗方案和手段的逻辑大前提是有经验实证的基础的。从经验实证中获得的社会人生常识一般也都会被人们当作逻辑大前提来使用。例如，凡人都有生老病死的过程，某某是人，某某也有生老病死的过程，如此等等，是人们日常生活中最常用的一类逻辑推理方式。当然，从经验实证获得的思想观点或结论当作为逻辑大前提看待时，其真理性在必然性方面是要打折扣的。有的现象在通常一般的情况下，总是人们看到或经验到的那种状况，但不知什么时候或什么地方却会出现例外情况，例如，人们总是讲天下乌鸦一般黑，然而有的地方确实有白乌鸦。因此，经验性实证最终还是要上升到科学实证。

在逻辑推演行程中，逻辑大前提是基础，小前提是中介、桥梁，结论是要明确的思想观念。也就是说，逻辑大前提与结论之间存在着必然的、固有的关系或联系。在演绎逻辑中，大前提是一个总的范围，也就是充当大前提的概念的外延，这个总范围内的个体所具有的共同特征就是这个概念的内涵。归纳逻辑则是一个相反的行程，它是在很多个体中确定一个共同的特征，从而确定一个可以充当逻辑大前提的类概念、种概念或属概念。如果用哲学术语来讲，演绎逻辑就是从一般到个别的推理论证，归纳逻辑就是从个别到一般的推理论证。那么，无论是演绎逻辑推理还是归纳逻辑推理，都是将已知的、既有的知识作为前提条件，从而推理论证出蕴含在这前提条件中的知识。这个被逻辑推理论证出来的知识是必然地包含在已知领域之中的。而如果被推理论证出来的结论超越了逻辑大前提所能容纳的范围或者说外延，那么这个结论在逻辑上就是不能成立的。事实上，这是形式逻辑中的常识性问题，然而它所带来的哲学认识论意义却被人们忽视了，也就是逻辑大前提作为既有的知识，只在已知领域中有效，根据它所推理论证出来的结论也完全属于已知领域的范畴。

　　既然逻辑的推理论证总是在已知领域中有效，那么既然是已知了，还要推理论证干什么呢？这就要讲到循环和重复的问题了。循环和重复是天下万物存在的基本方式。任何一种现象如果没有重复或循环的过程，人们就无法认识和把握。凡是属于人类的知识或知识体系，都是天下万物在各自的重复和循环存在中体现出来的共性的东西，也就是天下万物自身所具有的基本性质。任何事物，总是要出现两次以上，它们的区别才能被分析比较，它们的共同特征才能被发现。循环就是周而复始，本身就具有重复的含义，不断的周而复始就是循环过程的重复。逻辑的产生与运用全在世界万物的重复和循环之中。比如讲任何一个个体存在物都是可以归类的，例如，每一个人都可以归入人类的范畴，每一颗星星都可以归入天体的范畴。类就是个体的总和，就是个体的重复。在人类的知识中，任何概念、任何思想观念都是对世界万物进行分门别类以及抽象概括后获得的。任何只出现一次的事物或现象，都构不成人类确切的知识，也不可能进入逻辑的范畴。事实上，即使世界万物变动不居，也总是处于不断地重复和循环之中。也就是说，在相对存在的现实世界中，重复和循环是现实存在的基本状态，它是形成逻辑范畴的基础或前提条件。无论是自然界、人类社会还是个体的人生，都是不断重复和循环的现实存在。逻辑推理论证只在已知领域有效，是因为它可以作为人们在生产活动和社会活动及其他各类活动中进行计划协调或预先安排的依据和准则。事实上，人们的社会活动和生产活动都不会是盲目无计划的，而预先的计划安排都是根据既有的条件来设定预期的目标。这个既有的条件中必然地包含着预期的目标，这既有的条件就是逻辑推理中的大前提，预期的目标就是逻辑推理中的结论。人类所有的理性活动全都包含着基本的逻辑关系，只不过人们一般不需要总是意识到这一点而已。

我们在这里阐述的客观世界有序性的逻辑问题，都是在逻辑行程中处于大前提位置的逻辑范畴以及基本的逻辑规律和规则，具有基础性的作用。任何一个作为逻辑大前提的判断都不可能凭空产生，都必须是在人们的反复实践中证实无误的基础上才能成立。它一定是一个真理的表达，具有客观必然性。无法证实或者说没有得到确切实证的东西不能充当逻辑大前提。作为逻辑大前提的思想认识表达的是客观事实和客观现象本身所具有的本质特征，而不是人们思想中凭空产生的东西。能够充当逻辑大前提的判断必然是通过科学研究，得到科学实证的结果或结论（如果把价值判断作为逻辑推演体系的大前提，则该逻辑体系将永远处于不确定之中；把信仰作为逻辑大前提的思想体系也将永远处于不确定之中）。

逻辑关系绝对不是人类思想可以任意设定或规定的，而只应该是人类思想对实际状况的认知和表达，是对相对存在物即世界万物之间各种关系和联系的最一般、最抽象的概括认识。它的最宽泛的界限在具有确切的、实在的可能性的地方，也就是说，当我们对某个事物或现象做出判断时，这个判断至少要有一个确切的可能性作基础。如果一个事物的存在或一个现象的出现连可能性都没有，那对它们做出有或无、是或非的判断就不合逻辑了。不合逻辑的判断一般都只能被当作胡言乱语来看待。而逻辑关系最严密的地方就是在已知大前提真实不虚、符合客观事实的基础上，根据这个大前提推断出一个包含在它本身的属性之中并与它具有必然关系的结论来。这个推断的过程必须严格按照逻辑规律和规则进行，否则，即使你或然性地得到了一个事实上正确的结论，但由于你在推断的过程中有不合逻辑规则的地方，你那个正确的结论就没有逻辑意义上的合法性。因此，根据大前提推出的结论必须有逻辑规律和规则保证两者之间的必然性关系。由此可知，结论是必然地包含在大前提之中的。由此，我们还可以得到一个结论：逻辑推理的有效范围一定不能超过充当逻辑大前提概念的外延的宽度。因此，真正意义上的知识创新一定是通过科学实证获得的，逻辑推演或推理获得的结论总是蕴含在我们已经掌握的知识范围之中。

数学作为相对存在领域有序性的特征与逻辑特征相比，具有比较具体、直观的特征。以前人们有一个比较错误的观点，认为数学是人类创造的认识工具，是主观性的东西。这怎么可能呢？数学特征是相对存在领域和相对存在物本身所固有的、普遍的基本规定性，它不是人类赋予自然界的，而是自然界的有序性向人类认识的显现。事实上，古希腊以毕达哥拉斯为创始人的数学学派就把数看作世界的本源。这当然是不恰当的，但至少那个时候就有人知道数不是人创造的东西，而是人在自然中发现的东西。最概括地讲，数学是相对存在领域和相对存在物的时空特征和物质构成特征的表达，人类可以通过数学的途径来对相对存在领域和相对存在物的时间和空间特征的具体内容进行描述和表达，例如，用计时表达时间特征，用计数、线段、面积、体积、运动轨迹来表达比例关系、空间结构和空间运动变化轨迹。而所谓的数学公式，也就是表达了种种时空特征和物质结构、物质转换关系的数量构成特征。因此，数学的适用范围在相对存在领域之中。在绝对存在领域，因为没有具体的时空特征和具体的物质关系要表达，所以，在绝对存在领域，没有数学的用武之地。

科学规律是相对存在领域和相对存在物有序性的实际面貌的具体展现，把握科学规律是人类把握客观世界的最终实现。哲学不能够也不应该进入科学研究的具体领域，但哲学必须对科学、科学规律的性质做出恰当的评价，并且应该对科学研究的发展方向起积极的引导作用。西方传统哲学曾经作为科学研究、科学发展的先导建立了不可磨灭的历史功绩。但是到了现当代社会，哲学思辨在科学主义面前失去了自己积极能动的批判精神，成了科学主义的手下败将，哲学变成了科学的附庸。这种状况对科学发展没有一点好处，相反却会让科学变成一个面目全非的怪物。

科学是探讨研究现实世界的具体知识内容的。只有我们人类从科学上把握了对象世界的具体内容和具体规定性，才能根据世界的有序性来展开人类的有意义的实践活动。因比，从根本上来讲，科学及科学规律是相对存在领域中的范畴，是有限的、具体的、分门别类的，它无法代替哲学对世界进行综合性的抽象、概括、判断。科学规律必然是实际存在的，它不是人类能够任意创造的，而只能够被人类认识掌握。在此基础上，人类可以依据科学规律进行创造性的科学研究和生产劳动活动。

科学规律并无任何神秘之处。所谓规律，也就是包含在客观的事物现象中起作用的客观必然性。从不言自明的因果律观念看，任何一个事物或现象的产生或消失，总是有其原因的，因此也总是有其必然性。我们寻找探求任何一个具体规律，概括地讲，无非就是探寻事物或现象产生或消失的原因或结果。因此，用哲学的眼光看，凡是可以用规律、规律性涵盖的领域，包括规律、规律性自身，都是属于形而下的范围或指向属于形而下领域的范围。

由于规律总是要面对一个个具体的领域甚至某一类具体的事物或现象，因此规律总是分门别类的。在科学性、知识性的层次上看，人们对现实世界的把握，不可能仅仅依据一条最高概括性的规律来完成，而是必须通过人类的全部知识的各门类、各领域的分工合作来实现。我们知道，爱因斯坦向人类贡献的相对论是人类历史上到目前为止对物理学理论的最高概括，其所涵盖的物理学定律的范围之广，达到了无与伦比的程度。然而，以哲学思辨的眼光看，相对论只在它的基本性质所涵盖的范围之内有效，即相对论的极限是事物的运动速度不超过光速，它必须设定光速为事物运动变化速度的极限，超越了光速极限，相对论就处于不确定的状态了。

由于当今科技发展水平向人们展示了威力无比、神奇无限的魅力，因此总有人想成为全知全能的角色。尤其是那些风光无限的顶级科学家，他们自己相信并且大力误导当权者和一般大众相信科学万能，科学定律能够解决宇宙的全部问题。事实上，科学定律作为相对存在领域内的东西，即使是科学定律的总和、全部，也仍然是有限的、相对的。在人类的认识和思辨行程中，规律、定律居于中间环节的地位。定律是人们在实践活动中从事物现象中抽象出来的必然性的东西。人们对于规律的把握，向下要回过去指导人们的实践，以取得预期的实践结果；向上要作为哲学思辨的材料，在哲学上做进一步的抽象概括，并从中抽象出更普遍的必然性，从而在总体上把握现实世界，并在此基础上使我们的思辨超越现实世界的界限，向宇宙本体的未知领域探索寻找进一步发展的方向，反过来再指导人们在现实世界中的实践活动，实现对现实世界极限的不断突破和超越。现代社会有把科学和科学规律神化的倾向，认为科学能够解决人类面临的所有问题，认为人类能够找到一条基本定律，来解决、解答世界上的所有问题，这也就是所谓的终极真理。而事实上，所谓的终极真理是个伪命题。科学规律总是具体的，于是科学就总是有限的，永远也达不到终极的境界。我们讲终极就只能是绝对存在、宇宙本体，在那儿没有任何具体内容，没有任何具体的规定性。因此，对人类而言，那只能是思辨的领域，而不是实证的领域。科学研究、科学探索是人类发现真理的唯一途径，但科学真理一定要经过实证，要经得起反复实践的检验。科学以及科学规律总是具有必然性和实在性，永远也不能把可能性当作真理，而是要通过实证的途径，把可能性转化为现实性；科学以及科学规律永远是具体的、实在的、有限的，永远也不可能达到绝对的、终极的境界。

现实世界的有序性当然不会仅仅只有逻辑、数学、科学这三个方面的内容，而是有着极其丰富的具体内容。但是，过于具体、实际的内容不是也不应该是哲学所关注的。即使是逻辑、数学、科学，哲学也只是对它们的基本性质做出分析评价和判断，而不会进入它们知识性、学科性的内容。

相对存在领域还有种种特征的存在方式，逐一列举不是本体论哲学的追求目标，根据不同的着眼点，会有不同的探索重点和表达重点。我们在上面的论述，阐述了最有基础作用和普遍意义的存在方式的特征，接下来，我们就要探讨人的存在方式的特征。从本体论的层面看，我们把人的存在方式命名为"自主存在"，也即人类社会之自主存在。

第十章
人类社会之自主存在

　　人类是现实世界相对存在领域中之最高存在物。现实世界因为有了人类而从宇宙本体中凸显出来，人类则居于现实世界的顶端，或者说人类又从现实世界中凸显出来。现实世界从总体来看是自然而然的自在存在过程，而人类则是超越了自然而然的自在存在而成为自主的存在。由于人类超越了自然界，成了自主存在，自然界对于人类而言就具有为我存在的属性。自然界成为人类存在的条件，人类似乎成了自然过程的终极目的。从这个意义上看，人具有至上的价值、至上的意义。

一、自在存在、自为存在、自主存在的界定

　　从现实世界的种种存在物的特点来看，可以分为非生命体和生命体两大类（现实世界当然还可以按其他标准来进行种种不同的分类）。非生命物体属于自在存在的范畴，而生命物体就是自为存在的范畴，人类则又超越了自为存在范畴，而呈现出自主存在的特征。

　　自在存在的基本特点是自然而然。我们所能知道的一切非生命物体都属于自在存在的范畴。其存在的特点是完全与环境融为一体，在自然力的作用下发生运动变化。任何一个自在存在物都自然而然，没有自己独特的运动变化方向和目标，只有外在的作用力而没有内在的欲求力，其最高的运动变化特征就是合规律的运动变化，在必然性的规范下呈现

出某种存在状态。由于任何一个自在存在物总是处在种种的必然性或规律性的规范制约中，其存在状态就总是各种作用因素综合平衡的结果。人类对自在存在的认识把握，就是要掌握自在存在背后的必然性和规律性，通过对自在存在背后规律性和必然性的调节控制，使自在存在的运动变化朝特定的方向发展。对自在存在的具体规律性的把握掌控，主要是依靠科学技术来实现，而不是哲学研究的范畴。

自为存在是在自在存在的基础上发展起来的，它以生命体的方式而存在。所谓自为存在，就是该存在物不能随遇而安，必须按照特定的方式而存在，否则就不成其为该存在物。生命体必须以代谢的方式保持自身的存续，它要与周围的环境进行物质交换，否则该生命体将会分解而不复存在。因此生命体的运动变化就有着保持自身某种状态的特定指向，这个特定指向是由生命体自身的内在机能来决定和维系的，是自我生发的作用力，这是自为存在的基本特点。例如，以植物而言，根部总是要向着有水分和养料的地方伸展，枝叶总是朝着阳光舒展。这样的运动变化，就是有着特定指向，并且是在自身的机能调节下的特定指向，据此可以判定，植物已经具有自为存在的基本特点。动物的自为存在特点就更明显了，如动物觅食、交配、抚育后代等方面都具有显著的自为性的特点，而且，高等动物的种种行为已经具备了动机、意志、情绪的特征，离意识仅一步之遥了。动物作为自为的存在，比植物具有更高的层次，但动物的所有自为性存在特征仍然与本能直接结合在一起，因此动物仍然被禁锢在自然界的范围之内。

人类则是具有自主性和创造性的自为存在物。动植物的自为存在只具有萌芽性或初始性，只是为人类的自为存在做铺垫。只有当人类的自主性、创造性的自为存在形成后，动植物的自为存在的性质才显示出一定的意义，即作为人类之自主自为存在形成的一个过渡环节。人类基于自然界而又超越自然界，以自主自由的存在方式来显示自身存在的必然性和有目的性，使自己站上了现实世界的顶端。

二、人类自主存在的基本含义

人类在适应环境的过程中创造自己的生存条件，并且在改变环境的过程中不断改善自己的生存条件，使人类自身的存在状态处于不断地提高和完善之中，这就是人类自主存在的基本含义。自主性、创造性的自主存在特征，是人类区别于自然界种种存在的基本特征，也是人类超越自然界的决定因素。一般人都把人的自主性、创造性的能力看得高深莫测、神妙无比、不可捉摸。然而，人的自主性、创造性的发源地是人类求生存、求发展的需要，是以解决吃饭穿衣的生计问题为开端的。

现实世界的种种存在状态，如果以人类的存在状态为标准，可以分为自生自灭的存在状态和自主生灭的存在状态。动植物界虽有自为存在之特征，然而与人类相比较，它们仍然处于自生自灭的状态，没有超出自然界的范畴。而自然界的各种存在物虽然具有千万种不同的特征，但它们随机生灭的存在状态是一样的，如沧海桑田之变化，如水蒸汽变云雾、云雾化雨雪之变化，都是自然而然、无为而致。自然界范围内的存在物，并没有其自身的特定意义和目的，是怎样就是怎样，生时即生，灭时则灭，种种的运动变化总是随机而无特定的意向。而人类之生存则是由自己决定的。人类不能直接从环境中获取生存条件，而必须改变环境，有意识、有目的地通过自己的创造性活动，使环境产生出能够满足自己生存的条件。这个有意识、有目的的创造活动的特征在人类的种植和养殖活动中就可以得到基本的体现。我们可以说，人类的自主存在的基本性质就是人类创造自身存在和发展的条件，自己决定自己的生灭状态，由此而生发开来，人类使自身成为现实世界中的最高存在、至上的存在。

人类自己决定自己生存状况的特征，使人类自身的能力和潜力得以无穷无尽地开发和发展。我们绝不能轻视人类为解决吃饭穿衣问题的生产劳动的重要作用，人类的智慧和能力正是以此为起点发展起来的，并且反过来，在智慧和能力发展的基础上，我们能在更高的境界上解决衣、食、住、行问题。正是为了提高生产劳动的效率，人们需要制造和改进工具，科学知识、科学技术由此逐步产生和发展。为了解决生产劳动中的种种问题，人类的知识、思维、智慧等精神意识能力在初始形成的基础上一步一步地发展提高。最后，人类自主性、创造性存在的特征不是表现为自我决定生存状态，而是表现为以意识观念为核心的精神性特征。具有精神力量的人类可以掌握、控制、调配自然界的自然力量，从而成了具有无上智慧的万物之主。

三、人类仍然是相对存在物

人类的自主存在的能力是如何产生的呢？是自然演化产生的，本质上还是来自自然界，而并非来自超自然的特别创造。说白了，并非来自上帝的创造。在我们的哲学观念中，没有上帝的位置。这一点非常重要，也非常关键。人类凭着自主性、创造性的特点，成为自然界的最高存在。然而最高存在并不是超自然存在，也并不是来自超自然的存在，我们也不在现实世界中进行任何超自然式的判断和论断。人类并没有脱离自然界，人类仍然和自然界紧密结合在一起，以自然界为自己的生存条件，每一个人的起点是自然界，归宿仍然是自然界。因此，从根本上来讲，人类仍然是相对存在物。作为相对存在物的人类具有相对存在物的基本特征：首先，人的存在是有条件的；其次，人的存在是有限的，人的能力也是有限的；最后，人不能超越自然法则的制约。

然而总是有人不甘心于自己作为相对存在物所固有的种种局限性，

而希望自己能够升华为绝对存在物。中国历史上曾有几个有作为、有建树的皇帝做过长生不老、成仙升天的美梦。如秦始皇派徐福带领三千童男童女往东瀛海中寻觅长生不老之药，结果徐福与三千童男童女有去无回，秦始皇也没有超过常人的寿数。又如李世民皇帝、雍正皇帝也都一心追求成仙升天，胡行乱作，炼丹吃药，反倒枉送了性命。以皇帝之尊，神通何等广大，要什么没有？那雍正皇帝更是佛家高人大德，修为何等了得，尚且求长生而不得，更别说一般普通人了。

认为灵魂不朽是追求长生不老的另一种表现形式。有一种观念认为，人的形体是相对有限的、有生有灭的，而无形无质的灵魂是绝对永恒的、不灭的，灵魂可以不断转世。然而相对存在领域必须经过实证，在现实生活中，没有谁见过两世为人的。其实灵魂和肉体是一体的，肉体死亡消失了，灵魂也就没有了，任何人都不可能借着灵魂不朽的途径而实现长生不老的梦想。

佛教认为佛性是绝对存在，而众生都是有佛性的，人就更是有佛性的了，只要信佛的人修行到了家，修证到并能保持住自身所具有的佛性，就能超越生死，进入佛之绝对境界。在这里，佛家把人的形质躯体乃至灵魂都看作是虚妄的。因此，佛教也把人看作是相对存在物，而把人所具有的佛性、真如本性看作真实不虚、绝对永恒。然而人如何能够成佛，通过修行把自己从相对存在物升华为绝对存在？似乎现实中人亦未之有也。事实上，佛与人是两种完全不同的存在领域，人是相对存在物，佛是绝对存在。从佛家对佛、佛性的种种陈述来看，佛就是宇宙本体，就是宇宙精神，所谓佛性的大机大用、妙有真空，也就是宇宙本体、宇宙精神所显现的种种存在状态，就是宇宙本体的无限可能性转化、显现为种种的客观现实性和客观实然性。而作为相对存在物的人，总归只能是从自然中来，再回到自然中去。

总之，人作为相对存在物，不可能获得绝对自由，不可能超乎自然法则之上，不可能具有超乎自然力之上的力量。人的智慧、意识、精神力量都必须转化为自然力，才能对自然界产生作用。从根本上讲，人类以自然为出发点，最终仍然以自然为归宿。

四、人类是相对存在中之最高存在

人的生命是有限的，人的生存是有条件的，人的存在是具体而有形有质的，因此，人是完完全全的相对存在物。然而，人是现实世界中唯一的自主性存在物，人可以支配任何一个在人的控制之内的动植物的命运，人还能调配控制自然力。在所有相对存在物中，人类是灵魂，是主心骨，是最高的、至上的存在。

我们知道，在人类产生形成之前，自然界早就存在着。当然，这个早就存在的自然界乃是直接没身于宇宙本体之中。当人类产生形成后，自然界作为人类的诞生地和生存环境，也成为人类认识的对象。当人类的目光越过自身的产生阶段，进一步往前追溯时，发现自然界在人类自身产生之前就已经是一个找不到起点的无限过程，而人类成为这个无限过程中的当下实存的最高端存在物。似乎自然界这个无限过程的演化在人类产生之前只是为人类的产生形成准备条件，当人类形成之后，是为人类的生存发展提供基础和空间。从这个意义上看，人类是自然界演化运动的最高存在。除此之外，自然界的演化运动没有任何意义。与人类相比，无论是在人类产生之前还是之后，没有任何一种相对存在物具有与人类一样的灵性、一样的自主性和创造性。天地之间，唯有人类才具有与自然界相对等的地位，并且把自然界作为实现自己生存发展目的的基本条件和手段，在与自然界的沟通与物质转换中显示出自主性的主导作用。在现实世界中，人类的活动和主宰无处不在，世界万物与人类共生共存，被人类控制利用。凡是对人类有现实危害性的事物，则或早或晚都将被人类消除或转化。这已经可以使我们确信，人类的自主存在使人类在自然界中居于天下万物顶端的地位。

然而，人类又具有很不自信的一面。对上帝或各种神仙的崇拜是人类在自身之上制造了一个能够主宰人类命运的存在。从上帝或各种神仙的具象性来看，他们具有相对存在物的性质；从他们的神通广大和不可捉摸性来看，又似乎是绝对存在。其实他们是人类想象出来的东西，在找不到上帝和神仙们的实证之后，现代人类把目光投向了地球以外，热衷于寻找外星人。一般而言，人们总是把外星人想象得比人类强，科技更先进，文明程度更高，在此前提下，编出了种种现代神话。然而我们不妨想一想，既然外星人比我们更发达，他们为什么不主动来与我们沟通？我们自认为不如外星人，却在狂热地、不遗余力地寻找外星人来地球做客的痕迹，捕风捉影，以讹传讹。照理，弱者最怕强者来侵占自己的生存空间，人类却在热切地希望与强者外星人取得沟通联系。外星人本应该比人类更希望双方取得沟通联系啊！如果外星人真的比地球人强，文明程度高，则地球人做不到的事情，外星人应该有可能做到啊。然而近百年来，人类一直是怀着单相思，连外星人的一根毛都没有碰着。由此，我们可以断言，在人类能力所及的范围之内，人类是自然界演化过程之终极目的。越过人类之终极目的，将是向自然界的回归。马克思说过：作为完成了的人道主义，就是自然主义；作为完成了的自然主义，就是人道主义。

人类作为最高相对存在物，是衡量世界万物的基本标准。在现实世界中，只有人类才是一切事物的评判者，其他任何一种存在物都不可能具有评判意识和评判需要。而人类的评判意识和评判需要的基础就是人类对生存环境和生存条件的评判，其基本原则是对人类的生存发展是有益的还是有害的。趋利避害是人类评判一切事物的基本原则。比如地球南极上空的臭氧层空洞对于地球而言并没有好与坏的分别，臭氧层空洞并不会影响地球的存在和在自己轨道上的运行，但对于人类而言，则是生存环境的严重恶化，必须引起足够的重视。由此推想开来，任何一种评判标准都是根据人的需要而产生的，种种标准产生的第一层次参照物，总是以人类自身或人类所具有的感觉、感受能力为基准。我们虽然在现代科技高度发展的基础上制造了种种精密复杂的仪器，种种的标准纷繁复杂，探测远距离的天体以光年甚至亿光年计，小的粒子要用电子显微镜才能观察，然而，种种仪器的使用乃是人类感受能力的延伸。一旦脱离了人类的感受能力，所有大小远近的事物根本无法衡量，也就无标准可言了。这种状态也就不在现实世界的范畴之内，而是属于宇宙本体中人类未知的领域。人类是以自身为参照来衡量世界万物的。

　　人类作为自主存在，又总是处在不断的、能动的超越之中。这个超越，不但是人类对外在的客观世界对人类的种种制约的超越，而且还体现为人类对自身的不断超越。在这个不断超越的过程中，人类作为相对存在中之最高存在，其不断超越之动力，永远取决于自身的自主能动性。在人类求生存发展的过程中，人类始终面临着客观条件的限制，然而人类却又始终不会满足于现状，无时无刻不在寻求对既有限制的超越。一部人类发展史，也就是人类对客观世界现实限制的超越史。这种超越过程以人类科技发展水平为标志，以人类生存和发展水平的提高为结果。与此同时，人类自身在身心两个方面也始终在进行着自我超越。尤其是在智慧水平和文明程度上的提高，既体现了人类自我超越的成就，反过来更促进了人类超越现实世界的能力。如此循环互动，使人类的自我完善、不断超越提高成为无限的过程。从自然演化的最高成就看，从人类作为衡量世界万物的基本标准和具有无限的超越世界、超越自我的自主能动性看，人类当之无愧地成为相对存在中之最高存在。

五、精神存在是自主存在的基本特征

人类以自主存在的优越性而屹立于相对存在领域即现实世界的顶端，乃至于可以返身回来与整个自然界相并立、相对等，根本原因就在于人类具有精神性存在的特征和能力。人类的精神存在是自主存在的基础，又是自主存在的主要内容。人类的精神领域宽广无比，它可以像空间的虚空性一样无处不去，做到无有入无间；可以像空间的容纳性一样无所不包，超乎任何一个事物之上。人类的精神性特征更是使人之为人、人之为万物之主的决定性因素。人能够驾驭自然力，是因为人能够以精神的人驾驭自然的人，再通过自然的人驾驭自然力，这就是人类能够成为自然界之最高相对存在物的根本原因。

人类具有精神存在和自然存在两种既相统一又有区别的属性。在这里，我们必须弄清两个问题，首先是人类自身精神性与自然性的关系问题，也即身与心的关系问题；其次是人类精神性存在与自然界即现实世界的关系问题。

关于人类自身的身心关系问题，要看我们对人类的产生持怎样的观点。关于人类的产生，最早应该是神创论的观点，也即是说，人是由神创造出来的；在基督教成为西方的主导宗教后，上帝创造万物说被普遍接受，人是由上帝创造出来的观念在西方流行了两千多年。近代科学发展后，尤其是达尔文的生物进化论产生后，人类产生学说上的自然进化论逐步为世人所接受。而事实上，在人类本性的问题上，目前世界上仍然是宗教执一端为上帝创造论，科学执一端为自然进化论。我们则论定，人类虽然是自主存在状态，但在根本上还是属于相对存在领域，是有条件的、有限的存在物，终究是从自然中来，还要回到自然中去，非常显然是持人类产生的自然进化论观念。如果持宗教的上帝创造论，则人类在自身的身心关系上的观点就是身心两分，生理的人会死亡，而精神的人或人的灵魂则是永恒的。从理性哲学的观念看，这是荒谬的。宗教哲学把灵魂不死作为自己的追求目标，我们不取这种观念，而取科学观念即人类产生于自然进化的观念。那么，人类自身的身心关系则是身心一体，身为基础，心为主导，互相依存，有所区别。如果纯粹从生理学、生物学的方面看，人与一般生物并没有本质上的区别，人具有纯粹自然的性质，是可以与自然融为一体的；而从精神方面看，则人类具有自由自主的性质和能力，是超越自然界的。传统哲学中的所谓精神与物质的关系问题，首先必须在人身上体现出来，也就是人的精神属性和物质属性的区别和联系。当我们考察人的精神属性和物质属性的区别时，只是把精神属性在观念上抽象出来，而精神属性一刻也不可能从整体的人身上分离独立出来；同样，人的物质属性也一样不可能与精神属性相分离。没有精神的躯体不成其为活生生的人，没有躯体，也无精神可言。因此，就人类自身谈论一元论与二元论都是没有意义的。

　　传统哲学中的一元论或二元论、唯心主义或唯物主义，都是把精神作为现实世界中的一个独立存在物来看待的，这实在叫人有点费解。精神现象明明只存在于人类身上，是人类的基本和主导属性，并不具有独立自存的性质，它怎么可能成为世界的唯一本源（唯心论）或本源之一（二元论）呢？事实上，当我们在现实世界中区分精神现象和自然现象时，也即是讲，人类与自然界的区别是在人身上体现出来的精神特征和能力与自然现象的区别，并不是所谓的精神实体通过人来体现与自然界的区别和对立。持这样观点的，必然是宗教神学学说。在中国哲学中，并没有把世界本源看作某一种物体或某几种物体的观念。比较理性化的观点由老子提出，即宇宙本体就是自然，所谓"人法地、地法天、天法道、道法自然"。世俗一点的讲法由儒家提出，所谓"天""天命"是也。而西方传统哲学偏偏要寻找世界的本源，而且还非得要找出那个唯一的本源。然而，当西方人也认识到没有一个具体事物是永恒不变的时候，他们就把世界万物抽象概括为两大基本类型，即物质类型和精神类型。至此，精神现象脱离人类，取得了独立自存的性质。这个独立自存的精神实体事实上是不存在的，它只是西方传统哲学的偏见和宗教神学相结合的产物。精神特征只是人类所固有的属性，离开了活生生的人来谈论精神实体，不是科学理性的态度，而是宗教神学的态度。我们在此取科学理性的态度，弃宗教神学的态度，因此，在考察精神现象时，始终只把它作为人所固有的属性和能力来看待，而不会把它无限扩大为世界本源之一来看待，并且还不给它独立自存的身份。因此，在我们的观念中，所谓的一元论和二元论的争论，所谓的唯物主义和唯心主义争论，都是毫无意义的。

六、精神的哲学本体论内容

虽然我们把精神现象仅仅限制在人类自身的领域中，只作为人类所固有的属性和能力来看待，不让精神属性超出人类的范畴，但可使之与整个相对存在领域相对等。只有人类整体才能够与相对存在领域相对等，精神可以作为人类整体的替代者与相对存在领域相对等。这个时候，精神代表的是人类，而不可能再代表其他任何东西。然而，精神对于人类而言，具有无可比拟的重要性。可以说，没有精神属性和能力就不是人。人能够自主存在，超乎自然界之上，唯精神使然。而人类的精神存在领域，从科学研究的角度看，具有无比丰富的内容，而从哲学本体论的角度看，则主要论述如下三个方面或三个层次：

首先是人类的精神属性问题。这是要对人类的精神存在领域定性的问题。总的来讲，如上所述，精神属性是使人之为人的根本属性。对于人类而言，生理属性是基础，精神属性是主导，而且生理属性和精神属性两者之间既有显著的区别，又紧密结合，并且能够互相促进、互相转化。就精神存在自身考察，则主要有精神的感性方面和精神的理性方面之区别。精神的感性方面表现为人的情感，如喜怒哀乐、爱憎好恶的表达；人的情绪，如心情的激动与平静，等等。精神的感性方面一般表现为外在的，可以为别人所观察或感觉到。精神的理性方面则是人所具有的观念、理智、思维、意志、信仰、理想等内容。这精神的感性方面和理性方面一体二分、互相制约、互相促进。总的来讲，精神的理性方面起规范、制约的作用，而精神的感性方面则是表达、表现、体现出活生生的精神生命力。这两个方面必须相应相称、大致平衡，就能够使人保持正常状态；如果有所失衡，就会使人变态。一个正常的人必须要生理正常健康，心理同样正常健康。而心理正常健康，则必须要精神的感性方面和理性方面相应相称，保持平衡。人的精神属性与人自身具有同等的价值和意义。

其次是人类的精神能力问题。人类精神属性的作用的关键体现在人类的精神能力上。所谓人类的自主存在，也就是人类能够运用和发挥自身的精神能力，掌控和运用自身同时具备的生理自然能力，来适应、改变和创造自身生存和发展的环境和条件。

能够使人类的精神属性体现和发挥出精神能力的关键因素是人类的意识功能。按以往的观点看，人们往往会把意识理解成精神的全部内容，而事实上，意识只是人类精神领域中具有基础性作用的因素。如果没有这个基础性的因素，精神就不成其为精神，而只能是一般生物学意义上的心理现象。这个人类的意识功能是怎么来的呢？人类的意识功能当然是依附在人类身上的一种属性，而人类既然是通过自然进化而来，那么人类的意识功能当然也必然是通过自然进化而来的。具体地讲，人类的意识功能是在相对存在物所普遍具有的反映特性的基础上产生的，讲得更近一点，是在高等动物的反映特性的基础上产生的。

反映特性乃是各种事物相互联系的一种表现。比如树的枝叶在风的吹动下飘摇，水分在受热后蒸发，等等。任何一种事物受到外在因素的影响，自身就会出现某种变化，这种以自身的变化来显示外在因素影响的特征，就是各事物的反映特性。高等动物的反映特性有无条件反射和条件反射，而人的反映特性就是意识。意识的最近一个因果链环节，应该是高等动物界普遍存在的条件反射。在意识的统驭下，人的属于动物性的反映特性被重新构建，人的所有与动物性相近的直接性的反映特性被置于间接性的意识的控制之中。

意识始于人们对外在事物的认识过程，终于对外在事物形成知识、观念及观念体系。在这个过程中，最积极、最具有能动作用的是人类大脑的思维活动。意识作为人的反映特性，不仅仅是消极、被动地接受信息并令大脑作出反映，而是具有一整套主动性、创造性的反映机制。人的意识即使在通过人的感觉器官接受信息的初始阶段，也带有主动搜集信息、选择信息、取舍信息的功能特征；而进一步的整理信息、分析信息、得出结论的过程，更是完全自主的创造性活动过程。并且，这个过程还要继续延伸到人们根据意识活动得到的对外界事物的必然性认识中去，再反过来指导人们的实践活动，从而创造自身的生存和发展条件。在既有的创造成果的基础上，人的意识还要进行新的认识过程，进行新的探索研究，从而创造出新的成果。如此不断反复，永无止境。在人们对外在事物的认识水平和创造能力提高的过程中，人类的意识功能和智力水平也在不断提高，思维功能不断强化，集中表现为人类的智慧越来越高，从而又能使人类意识所具有的积极能动作用得到进一步发挥，使人类在客观世界中的自由度越来越大。这样，又反过来促进人类自身的意识能力、能动的创造能力不断提高。如此，主客观双方积极互动、互相促进，使人类智慧的发展、人类创造力的提高、人类自由自主存在程度的提高永远都不会有尽头。

　　最后，人类的精神存在更是人类生存和生活的两大内容或两大领域之一。人类的全部生活内容无非就是物质生活和精神生活两个部分，而且，精神生活更能体现人之为人的生存特征。一个人当然不可能没有物质生活，这是维持生命的基本条件，但是，一个人没有精神生活更是不可想象的。没有精神生活，那是一般动物的生存状态，就谈不上人类的一切特点，就不是人。这也是精神属性对人而言的一个基本特点。人的精神生活，从一般的意义上讲，当然包含了人的一切精神活动。

　　人类的精神生活领域无比宽广，精神生活内容无限丰富。人类对自身精神领域和精神生活的认识、研究、审视，是内在地把握自身的本质和本性。精神生活是人类现实生活的无间断表达。这是一个有待进一步全面深入研究的领域，仅仅靠目前的所谓心理学科学，是远远解决不了问题的。我们从本体论的角度，着重指出几个特别重要的精神生活领域。

　　情感生活。情感生活的本质是人的趋利避害要求的表达。当然，趋利避害仅仅停留在动物性要求的层面上时还谈不上情感不情感。情感生活是人类特有的内容丰富复杂的精神生活的主要内容之一。人类在追求自身生存发展的过程中，需要结成种种的关系和联系，在互利互惠中就会产生友好的情感交流，在互相对抗、互相冲突中就会产生憎恶的情感。所谓爱恨好恶、喜怒哀乐，归根到底，总会关乎利害冲突，这是最简单也是最深刻的人类情感生活的基础。在这个基础上生发开来的内容繁复多样、丰富多彩的情感生活，则表明了人类文化发展的巨大功用。人类情感生活不再由趋利避害要求的直接表达来决定，而是由抽象的价值观念和价值判断来决定；其次是受个人的情趣爱好左右。道德情感和宗教情感在人类的情感生活中当居于最高的层次。道德情感可以超越个人自身的利害而显示出高尚的境界，宗教情感则是舍弃了世俗的利害得失而显得纯洁神圣。在人类的情感生活中，一般不适宜用对错得失来评判。

　　娱乐生活。讲到娱乐，一般人总觉得那是无关紧要的活动，殊不知娱乐之于人的精神生活恰恰是必不可少的内容。想想看，一个人要是失去了一切娱乐的要求与兴趣，那还是一个正常人吗？事实上，娱乐对于人们的生活而言，是无处不在的。很多事情，只要稍微超越一下功利目的，就可能会进入娱乐状态。即使对外行来讲极端枯燥无味的数学题目，对有些人来讲，也能通过解题来娱乐。一切智力游戏，都可以这样来看待。人类娱乐生活的内容无比广泛，只要无害，不违法乱纪，凡是能够愉悦身心的活动，都可以纳入娱乐生活的范围。曾经有位哲人下过一个断语："人只有在游戏时才是自由的。"可见娱乐生活对人生是多么重要。

在人类的娱乐生活中，游戏是最广泛、最普遍、最基本的娱乐活动。但是人类由于自身具有无限的超越性，因此，当娱乐生活的精神境界超越了简单、直接的游戏层面后，就进入了审美的领域。当人们进入审美领域后，娱乐的面貌完全改变了。游戏在人们的观念中地位很低、可有可无，中国人甚至用"玩物丧志"的贬语来排斥游戏活动。而审美领域就不同，审美领域中的任何事都是被当作正经事来看待，甚至当作重大的事情来看待。对于一般审美领域的超越，就更上一层楼，进入了艺术创造和艺术鉴赏的领域，那就是进入了最高层次的精神生活领域了。在感性的精神生活中，艺术、宗教就是最高层次的精神生活。

对于情感和娱乐的精神生活，我们可以把它们看作感性的精神生活，而在感性的精神生活之外，还有人类理性的精神生活。一般而言，理性的精神生活规范、制约着感性的精神生活，而理性的精神生活也会被感性的精神生活牵动、修正。所谓的理性的精神生活，主要是指人类的观念系统、思维思辨、意识形态，等等。

在理性的精神生活中，我们着重要指出的是人生追求和实现人生价值的问题。人生追求的目标和方向取决于每一个人的人生价值观念，而人生价值观就是一个很理性的东西。在价值观系统的形成过程中，人们必须思考、探索很多知识学问和思想理论问题，这些都属于理性精神生活的范畴。当然，在实践自己的人生追求时，很多人都身处感性活动之中。但是，很多高端的理论研究、哲学思辨、学问探索，等等，则肯定是纯粹的理性精神活动了。

而所有关于人类精神生活、精神活动的探讨评价，从本体论的角度看，主要是要确定人类历史文化发展达到了怎样的水准，它远远要比真假对错的判断丰富复杂得多。在人类精神活动的大多数领域中，真假对错的评判根本就没有意义。为什么要强调这一点呢？是因为在人们谈论认识论问题时，很多诡辩论和相对主义论者往往会任意地用认识论标准即真假对错来评判不属于认识论范畴的精神现象，或者用艺术创造和一般想象活动中的现象来印证认识论的有关观点，导致了很多的逻辑混乱和一些似是而非的认识论结论，尤其是所谓逻辑学上的悖论，很多问题往往都是在这样的背景下产生的。我们必须明确一个问题，就是人类精神生活和精神活动领域的范围要远远大于意识活动的范围。认识论所研究的意识活动，无疑是人类精神领域的核心和前提，但是，认识论的评判标准只是人类精神领域全部评价准则的一部分，认识论、意识活动不可能取代人类全部的精神领域。

七、人心是精神领域的主宰和总枢纽

人类的精神领域无比深广，上天入地，无所不至。如果从总体上来把握它的话，那么，可以说意识是精神领域的核心和基础，而人心则是精神领域的主宰和统摄者。人心是一个非常复杂的东西，在它的身上体现了人类精神与肉体的完美融合。人心是由人的物质器官组成的，但组成人心的物质器官所发挥的功能却远远地超越了物质器官的生理和生物学局限，而使人类显示出自由自主境界的存在特征，这也是人类精神所特有的基本属性。

人心是一个很难把握的东西，你很难明确指出人心是什么。当然大家知道每一个人都有一颗心脏，而人心肯定和心脏有关，但心脏只是一个具体的人体器官，而人心主要地表现为精神性属性。因此，心脏至多只是人心的物质承担者，为人心的存在提供一个物质性、机能性的基础，而人心的本质是精神性的。如果从简单的方面来看，就是要从人心在人的精神领域中无所不在的作用上来把握人心的本质。如果你好好地用心想一想，人心的作用是可以在人的精神领域的任何一个方面表现出来的，并且可以在人的任何一个活动乃至坐卧行止中表现出来。于是，我们可以把人心的总体功能和作用概括为它是精神领域的主宰、总决策者、总控制枢纽。人心作为人的精神领域的主宰、人的有意识活动的总司令的作用，不是体现在人体的某一个器官上，更不是某个器官的单一功能，而是那种整体性的统摄和超越。人心乃是以人的心脑生理机能为基础的精神性特征，如意识、观念、情感、意志、情绪、欲望等综合融汇后形成的精神枢纽，这个精神枢纽即人心，它超乎各精神因素之上而成为人的精神领域的主宰，并进而全面地成为人的自我主宰。

人心与自我意识具有密切的关系，有我即有心，无我即无心。人心并不就是自我意识，然而自我意识是人心的立足之地和发挥精神主宰功能的基础。每一个人的心只能主宰自己，要主宰别人，也必须通过与别人的心沟通达成一致后才有可能。一个人从小到大、到老，在生理上、形体上、精神状态上都会发生巨大的变化，只有自我意识与人心是不变的。在很多地方，人心往往是以自我意识的面貌表现出来并发挥作用的；在另一些情形下，自我意识又往往以人心的特征呈现出来。我与心，同生同死，自主之我，依心而动，依心而止，人心即是人之自主自由的根本决定因素。

人心在人的自主性特征中的决定作用和能动作用主要表现在"我觉""觉他""觉我"这三个方面。在这三个方面的活动中，都有人心的主宰作用，它们都是在人心的控制、指导下进行的。所谓"我觉"，就是我知道自己在意识，在感知，在认识，在进行种种的认识或实践活动，在进行游戏或审美活动等，就是知道自己在想什么、干什么、要什么。这是人心对自我的直接把握、控制、引导或指导。"我觉"在这里绝不能仅仅理解为我的感觉或我在感觉。"我觉"真正体现了人的自主性特征的主观方面。人心对人自身的决定作用仍在于使人做出自主自由的选择，知道自己的选择意味着什么。因此，人总是在自主选择的前提下发生种种行为。所谓有意为之或无心之过，就是指在人心主宰下的"我觉"特征，也是人心主宰自我的基本性质。

"觉他"就是人心指导自身的意识功能对自身之外的事物和环境的认识，体现了人自身在人心的指导下去把握外在世界的自主性特征。人之自主自由的存在必须在"觉他"的过程中实现。也就是说，"觉他"必须解决认识客观世界以获得种种知识，发展科学技术，创造人类的生存和发展条件的问题。在这里，"觉他"不仅仅是纯粹主观的性质，还有一个主客观相结合的性质，进一步地有主观意图通过实践活动变为客观结果的问题。人心不仅仅是精神领域的主宰，更是在人的身心总体上起着主导作用。通俗地看待"觉他"意识对人类的作用，就是人类通过"觉他"的意识活动，达到认识世界、改造世界、维持人类社会的存在、促进人类社会的发展的目的。这个"觉他"的过程是在"我觉"的前提下进行的，没有人类之"我觉"的存在，也就没有人类之"觉他"的过程和结果。从"我觉"和"觉他"自身的特征或基本性质看，"我觉"将是哲学伦理学的领域，而"觉他"则是属于科学技术的领域。它们两者决定着人类社会的主观生存境界和客观的生存条件。

"觉我"乃是人心对自身的超越，就是人心认识把握人心自身的基本功能和过程。人心对自身的超越为人的自我意识程度的不断提高拓展了无限的空间。人心对自身的超越不局限在自我意识之内，而是超乎自心之上。人心永远可以自我超越、自我反观。当一个人在思考一个问题或做一件什么事情时，也需要用心去想，用心去做。然而，人心还可以超越自身，反观那个用心做事想问题的人的精神状态和心态。而且，人心的关注总可以从某种具体的内容中超脱出来，而把着重点放到反观自身上来，从而调整或提高自身的控制和主宰能力。"觉我"以人心反观自身为基本特点，是人心自我提高、自我超越、自我完善的根本原因。

人心能够不断反观自身，是通过控制意识机能实现的。我们知道，意识乃是人类智慧的源泉，也是人心最基本的承载因素。人心对人自我的控制和主宰是通过控制意识实现的。人心控制意识乃是控制意识的发动者、承载者，即意识的机能和意识的方向。这个意识机能并不与任何具体的意识内容直接结合在一起，它只是一种功能的性质。正由于这一功能性质，人心就可以驾驭这个意识机能不受羁绊地任意发挥作用。当然，这个发挥作用的范围完全局限在每一个人的自身之内。人心操控着意识机能，可以超越包容任何一个具体的意识内容、意识过程、意识对象，乃至不断地反观发出意识的意识者，进而不断追溯、反观操控意识的操控者。人心对人之自我的主宰同时也是对自我的引领和指导，它使人类得以在自我提高、自我完善的轨道上永不停步地前进。

八、人的自主存在不仅取决于人的内在的精神存在属性，还取决于外在的社会存在属性

所谓人的社会存在，就是每一个人都必然地处于与他人的种种不同的关系中。所谓社会，就是人与人结成种种不同关系的共同体。任何一个单个的人都不可能脱离这个共同体而独自存在，而人类的自主存在的本质特征离开了社会存在的属性也根本形成不了。人的社会存在属性也是与生俱来的，它与人的精神属性一样，也是使人之为人的基本属性。

而且，人的社会存在属性和精神存在属性是一种相互生成的关系。一方面，人类的精神存在在本质上也体现出社会性的特征；另一方面，人类的社会性存在也内在地取决于人的精神性存在。当然，人的精神存在和社会存在都有其自身的不同内容，是人类自主存在在不同领域中的本质特征的反映。我们前面分析了精神存在的基本特征和不同侧面、不同层次的概要内容，这里要着重指出人的社会存在的三大基本要素即政治、经济、文化的基本性质和特征。

人类社会是一种最纷繁复杂的现象，为什么讲人类的社会存在只由政治、经济、文化三大基本要素构成呢？因为我们现在是从哲学本体论的角度看问题，也就是以最高的抽象和概括来进行探讨和分析，那么政治、经济、文化这三大基本要素就是对人类社会存在的纷繁复杂的内容的最高抽象和概括的结果。人类社会无比纷繁复杂的现象经过不断的抽象概括，都可以归入这三大要素之中。而这三大要素归根到底都是人类所固有的社会存在的基本内容，是社会存在特征的最高、最概括的反映和体现。

政治要素是社会存在特征的核心内容。可以说，凡是有人与人关系的地方就有社会性特征，也就有政治因素在其中。自主存在必然是社会存在，因为人们自己创造自己的生存和发展条件的生产劳动活动以及在此基础上衍生出来的其他人类活动，都必须是在分工协作的基础上展开并最后取得预期的效果，这是人类社会自主存在的基本含义。而每一个人自身生存和发展条件的取得并不是自然而然的，而是必须经过社会分配的。也就是说，人们的生存和发展资料首先必须体现为一种权利，然后才能真正成为人们的生存和发展的消费对象。人们在生产劳动中的分工协作是一种社会性的特征，人们获得生存发展资料的社会分配也是一种社会性特征。然而这两个社会性特征所体现的人与人之间关系的性质却有很大的差别。其根本的差别在于，处于分工协作关系中的人与人之间的关系是和谐相容的，而在物质资料分配关系中，人与人之间的关系是对立排斥的。这里就要提出权利义务关系的范畴了。简单地讲，人们在分工协作中从事生产劳动，那就是在承担自己的义务；人们通过社会分配，获得自己的生存和发展资料，那就是在享受自己的权利。事实上，人类社会的权利义务关系不是这么简单，而是一个复杂庞大的体系，这是由政治学、社会学研究探讨的问题。而政治要素作为社会存在特征的核心内容，就在于它决定了权利义务关系的性质和如何实现该性质的权利义务关系。政治所承担的功能，就是保证和保持社会存在有序和谐地正常运行发展，这是人类社会自主存在的前提。

经济的基本性质是人类社会如何创造人类生存和发展的物质和精神资料，如何分配和消费人们创造的物质和精神资料，以保证每一个人的现实的、持续的生存和发展。以现代社会而言，人类社会的经济活动就表现为财富的创造、分配和消耗。从本质上看，经济要素意味着人们的权利和义务的实现和体现，经济活动总是具体实际到财富的获得或支出。很多人可以或多或少地忽略政治，因为政治作为规范性、体制性的东西，与人们的日常生活总是有一段距离的。而经济则直接与人们的日常生活联系着，或者说，人们的日常生活离不开经济生活的范畴。因此，经济要素是社会存在特征的主体或主要内容，是人类社会得以自主存在的现实的物质保证。从人类的生物学属性看，满足自身的生存需要是每一个人的自然属性。但是，由于人类满足生存需要的资料不是现成地从自然界获得，而是必须通过生产劳动创造出来，所以是社会活动的成果，而社会性的活动成果也就必然地要采用社会性的分配方式。人类社会的经济性质的体现，就是表现为社会财富的创造、分配和消耗，其实质就是保证每一个社会成员获得生存和发展的基本条件。

文化是自主存在的精神体现和表达。文化作为自主存在的社会性存在的精神体现和表达，乃是人类社会自主存在达到何种境界的标志。所谓自主存在并非从来就有、一成不变，而是有一个产生和发展的过程。

也就是说，人类社会的自主存在的能力也有一个不断提高的过程。文化就是人类社会发展提高的标志，同时，文化还是人类社会不同地区、不同种族、不同民族不同的生存发展特征的标志。如果我们再具体一点来考察探讨一下文化的内涵，则可以作如下的表述：

文化是反映、表达人类社会物质和精神活动及其成果的具有社会性、精神性、情感性特征的意识观念体系，具体表现为人们所掌握的知识及知识体系、所确立的思想观念特别是价值观念体系、所形成的各种行为模式。文化是一种意识观念体系，它与直接的物质和精神活动及其成果不是同一回事，即使是文学、艺术、教育等直接的文化活动，也并不就叫文化，而对文学、艺术、教育活动的观念意识性的反映、表达才能进入文化概念的范畴。人类的活动及其成果当然具有文化的属性，但当我们把文化作为对象来考察时，文化所特有的属性乃是人类心理活动积淀所形成的意识观念体系。这个意识观念体系是人类活动及其成果的反映、表达，而不是人类活动及其成果本身。也就是说，当我们考察人类活动及其成果的文化意义时，要透过各种活动及其成果的表层以及个别现象，把握其实质性、普遍性、情感性的本质特征，揭示、抽象出其所蕴含的独特的意识观念意义，这才是文化本身特有的含义。承载文化概念全部实质性意义的具体内容则应表达为知识及知识体系、思想观念，特别是价值观念体系及种种行为模式。只有文化所涵盖的这三个领域的具体内容才使文化的概念具备了确切的、坚实的基础，也才能够使文化问题的研究获得明确的方向和具体的思想理论内容。

总的来讲，知识及知识体系、思想观念特别是价值观念体系、各种行为模式是文化概念中各有其自身特点和发展规律又紧密结合、互相交融、循环往复地相互作用的三个组成部分。研究文化问题，其最高层次就是研究这三个方面自身的基本特征及相互作用；由这三个方面内容展开、延伸的种种具体知识问题和领域，如各个学科及科学理论体系、思想理论体系、宗教、艺术、生产生活方式、风情民俗等，则是对具体的文化问题的更实际、更直接的分析研究，种种文化特征及不同文化之间的分析比较都要在这个层面上展开。

　　本书关于重建本体论的构想到此就要结束了，然而，我想这并非意味着重建本体论工作的完成，反而意味着这个重建工程才刚刚开始。如果本书具有一定的文化学术价值，则后面的路还长着呢。后面的路我还能否走下去，走多远，我还真说不准。我希望有更强大、更高明的有识之士一起努力，来完成这个工程。

附　录
关于《时间简史》的质疑三篇

一、宇宙大爆炸论不是科学真理

在科学界关于宇宙问题的观念中，英国理论物理学家斯蒂芬·霍金是宇宙大爆炸论的代表性人物，他所著的《时间简史》一书可以被看作宇宙大爆炸论的重要作品。宇宙大爆炸论被很多理论物理学家和实验物理学家当作已经成立的基本理论和研究宇宙问题的前提。在赞同这个理论的顶级科学家看来，宇宙大爆炸论俨然已经是科学定论，并且事实上主流社会的主流思潮已经把宇宙大爆炸论当作科学真理来看待，从而导致全世界关于宇宙问题的根本看法被宇宙大爆炸论垄断。于是荒谬的宇宙起源问题被众多的大科学家当作重大的研究课题和需要攻克的科学目标来看待而空耗着精力、财力和物力，同时为满足某些人充当上帝角色的痴心妄想而营造出种种幻觉。

据霍金介绍，宇宙大爆炸论是在哈勃通过天文望远镜发现各大星系正在不断远离我们而去之后逐步发展起来的。哈勃对所观测到的星系的距离以及对这些星系的光谱进行分析后，发现各星系都呈现红移现象。全部都是红移现象即意味着所有星系都远离我们而去，并且，红移的大小和星系离开我们的距离成正比。于是现代宇宙论认为宇宙正处于膨胀之中，膨胀的宇宙成为宇宙大爆炸论的一个重要内容。而这个宇宙膨胀的起点就是宇宙大爆炸，这个宇宙大爆炸也是宇宙本身的起点、起源。那些持宇宙大爆炸论的科学家还告诉人们，宇宙在大爆炸前的时刻，密度无限大，温度无限高，体积为零或者体积为无穷小。如果有人要问宇宙在大爆炸前处于什么状态，回答是：宇宙在膨胀到极限之后受引力的作用开始坍塌，一直坍缩到大爆炸时的状态。宇宙就在膨胀与坍缩之间循环往复。

由此可以看出，宇宙大爆炸论首先把宇宙看作是有限的；其次，把宇宙看作一个具体的事物和过程；最后，宇宙大爆炸论作为一个科学理论，仅仅是因为它出自科学家之口，但并不能对之进行科学的验证。因此，无论从哪一方面看，宇宙大爆炸论都远远达不到已经完成的科学真理的程度，充其量不过是一些急功近利而又比较狂妄的物理学家的猜测和编造而已。

一般而言，科学家总是研究具体的事物或某一具体领域中事物变化运动的规律的，即使是理论物理学家的理论成果，也必须经受住科学实验的检验，无法进行科学检验的东西永远也不能称之为科学真理。当物理学家抛弃了具体的研究领域和研究对象而进入宇宙本体的研究和思考时，他们事实上已经越位了。而绝大多数科学家越位思考应该由哲学家思考的宇宙本体问题时，没有不闹笑话的。即使像牛顿这样伟大的科学家，当他思考第一推动和宇宙末日问题时，犯下的错误同样与蠢人或疯子差不多。当然，我们并不是规定什么人只能思考科学问题，什么人只能思考哲学问题，只是当一个人思考哲学问题时，他就必须用哲学的头脑和方式去思考问题；思考科学问题，就必须用科学的头脑和方式去思考问题。可悲的是，那些伟大的科学家往往只是用科学的头脑和方式去思考哲学问题，这种南辕北辙的研究探索将会得出何其荒谬的结论，应该是可想而知的。

宇宙的起源问题其实是一个荒谬的问题，一个傻子只要不停地问为什么，就能够把世界上最伟大的智者问得无言以对。道理很简单，宇宙是无限的，而我们的知识总是有限的。任何一个具体事物的过程总是处于无限的因果链之中，当我们往前追溯时，它没有起点；往后推测时，它没有终点。而作为形而上的宇宙本体问题则更不是靠一些自认为天才的物理学家根据大而化之的推测和计算所能解决的。

为什么讲宇宙大爆炸论不是科学真理呢？首先，它不合逻辑，不符合科学真理必须是可以观察实证和反复验证的要求。这个宇宙大爆炸论就像上帝一样，没有人能够证实它的存在。无法观察验证的东西当然不是科学真理了。其次，即使纯粹从物理学本身的特征看，宇宙大爆炸论也显得漏洞百出，无法自圆其说。哈勃及其他科学家经过光谱分析，发现收到的最远信息的星系距我们有 100 亿至 200 亿光年的距离，这个距离估算的误差达数十至上百亿光年，已经粗略到何种程度，令人难以相信。光谱分析的红移现象说明远方星系离我们而去只是到目前为止的科学知识内容，是否还有其他因素会导致红移现象也未可知。以水为例，在 4℃ 以上是热胀冷缩，在 4℃ 以下却是热缩冷胀。光谱分析呈现红移或蓝移现象是否具有周期性？比如哈雷彗星，每 76 年与我们地球相会一次。当它迎着地球而来时，光谱分析就是蓝移；当它背对着地球离去时，光谱分析就是红移。那么，我们对一百亿至二百亿光年距离之外星系的光谱分析，也有可能处于周期的红移状态，再过几千年、上万年甚至千万年，哈勃所测定、研究的星系范围的光谱分析是否又会处于蓝移状态呢？那一百亿至二百亿光年远的星系的光电信息，在被哈勃望远镜接收到之前受到了何种的干扰，导致信息失真、变形，也是很难说得清楚的。我们人类的科学技术水平还没有达到精确把握此类信息的高度。根据现代宇宙论者的估算，类似于银河系的星系，在浩瀚的宇宙中达千亿之数（这仍然是宇宙有限论），而我们所置身的地球身处于银河系一隅，在这一百亿至二百亿光年的范围之中，不知要受几万重的包围和阻碍，那一百亿至二百亿光年之远的星系的光电信息就这样令人深信不疑？未免太天真、太幼稚了吧！

宇宙中各类事物千变万化，种种现象和规律层出不穷、互相渗透和组合，往往一个结果可以有多种原因，同时一个事物又可以导致多种结果，仅仅凭一时一处的红移或蓝移现象就要得出宇宙膨胀或坍缩的结论，真是草率、武断到家了。

按哈勃的发现看，所有的星系都远离我们而去，我们能否说地球就是宇宙的中心呢？如果这样认定的话，现代宇宙论者可能无法回答接踵而至、纷至沓来的其他诘难。很多现代宇宙论者回避这个问题，而霍金则似乎非常巧妙地解答了这个问题。他说：宇宙的膨胀犹如一个吹胀的气球，星系的互相分离犹如气球上的斑点在气球吹胀过程中相互分离一样，而气球上的斑点没有一个是中心点。这种解释虽然巧妙，但是还有问题。一个实体球在膨胀的过程中，这球体上的每一点也都是互相分离的，这一点没有疑义，即可以不把地球看作宇宙的中心。但是，那个吹胀中的气球的每一个斑点也应随着气球的膨胀而增大，即气球斑点上的每一点也在互相分离中。我们地球所处的太阳系可以看作宇宙气球斑点上的斑点，则地球与太阳这两个小点也应该互相分离才能符合宇宙膨胀的实际情况。那么，地球环绕太阳旋转的椭圆轨道的半径应该不断增大，九大行星之间的距离应该不断增加，太阳系的空间范围也应该处于不断膨胀的过程之中。不知哈勃的后继者做过太阳系不断膨胀的观察实验没有，反正我们没有关于地球绕太阳旋转的轨道在逐年扩展的知识，想来实际上不存在这样的情况。如果地球绕日旋转的轨道在不断变大，则地球一年的天数应该增加。如果轨道变大而不增加天数即地球自转的圈数，就应该加大地球自转一圈在轨道上移动的距离。如果要保持一天24小时的时间不变，地球的自转速度还应有相应的变化。请问持宇宙大爆炸论的科学家们，能够给出这方面的观察数据吗？

　　当然，有人可以解释说，由于星系内部受到各种力的互相作用，在星系内部达到了吸引与分离的平衡，使各星系本身不呈现膨胀状态，而只是呈现为星系与星系之间的互相分离，从而使宇宙只是在大尺度范围上表现为膨胀态，而星系本身为稳态。也就是说，只是吹胀的气球在膨胀，气球上斑点的距离在增加，而斑点保持原样不变。如果哪一位科学家持这样的解释，则请他吹一个带有斑点的气球，让人们看一看，那膨胀中的气球，其斑点能否保持原样不变。

　　按宇宙大爆炸论者的描述，宇宙大爆炸时质量、密度无限大，温度无限高，体积无穷小或体积为零。出现这样的状态是由于引力的作用，也就是说，无穷大的引力导致宇宙的大坍缩，而大坍缩到极点之时就是宇宙大爆炸前的状态。那些物理学家要我们相信，当宇宙达到大爆炸状态的时刻，我们能够看到和把握的唯一的东西就是引力，其他所有物质内容都被消解了。那个质量密度无限大、体积为零或无穷小的宇宙已经看不见摸不着了，剩下的就是裸引力。而根据现代物理学的解释，引力是实物粒子的基本属性之一，也就是说，引力依附于实物粒子。当宇宙处于大爆炸前的时刻，这个质量密度无限大当然应该是引力无穷大的基础，然而体积无穷小和体积为零则已经不是现代物理学所能把握的实物粒子了，因此，这个依附于实物粒子的引力就变成了无源之水、无本之木了。这个想象中的裸引力是怎么一回事，不知哪一个伟大的物理学家能讲得清楚？

　　事实上，在宇宙大爆炸的时刻，量子力学已经无能为力了，因为量子力学以微观粒子运动为研究对象，就现在的科技水平而言，我们只能了解到基本粒子夸克层次或夸克以下一层粒子的知识，而处于大爆炸时刻的宇宙比现在所知的任何粒子都要小。小到何种程度呢？小到你能想象到多小就有多小，你甚至不能用粒子的概念去思考它。因此，量子力学对它绝对是无能为力的。再进一步讲，如果宇宙在大爆炸时刻体积为零，则宇宙就变成了从有到无的状态。没有了体积，从量子力学的角度看，已经没有可供观察的实物了，也就是说，科学失去了自身研究的对象，它还能说出什么东西来呢？而那个体积为零的宇宙又怎样从无变为有？这个从有到无，再从无到有的变化是怎么来的？无论这广义相对论和量子力学怎么结合来、结合去，怎么从有变成零，再从零变成有，恐怕没有一条科学定律在这儿是有效的，我们还得把上帝请回来。因此，讲到这里，那宇宙大爆炸论很快就要把我们带到上帝面前去了。

德国哲学家康德在认识宇宙的根本问题时提出了著名的两律悖反的思想，对人类社会认识世界、认识人类自身等很多方面都提供了新的思路以及思考问题的方法、角度和方向。而宇宙大爆炸理论虽然是由一些顶尖的大科学家提出来的，在我看来，却是最缺乏科学依据、最缺乏理性思考而任意想象出来的。在最需要进行科学实证和科学检验来确证其真实性的时候，这些以严谨著称的物理学家却告诉我们说，宇宙大爆炸不能以科学实验或实际观察得到证实，充其量只能通过电脑进行模拟试验。而电脑的模拟试验也不过是在具有极大认识局限性的并有着先入为主偏见的人们预先给定条件、编制程序后才能进行。这个模拟试验在娘胎里就已经打上了主观随意性和认识局限性的烙印，其自身的真实性和逻辑合法性就毫无说服力了，再用来论证宇宙大爆炸理论的真理性，怎么可能呢？科学需要想象，但科学却不能够以想象为依据。科学的想象必须以科学的手段去求证、实证，这是使科学想象走向科学真理的唯一途径。当科学家拿出了一个结论，信誓旦旦地说它是绝对真理，世人因为对科学以及科学家的绝对信任而对那个结论深信不疑时，一个非常愚蠢然而执着的人说：尊敬的大科学家们，你们能够实现或重复那个过程吗？而这些大科学家却回答说：这个过程人类是无法把握的。然而，人类无法把握的东西，能够称之为在科学上已经完成了的东西吗？

宇宙大爆炸理论不光无法验证、无法证实，即使纯粹从物理学因素方面来考虑，也存在着根本性的缺陷。这里，我们要问一下，这宇宙大爆炸力从哪儿来？在宇宙大爆炸时，那些高明的物理学家们的描述是"宇宙的质量密度无限大，体积为零或无穷小，温度无穷大"，那么，按我们现有的科学常识看，宇宙质量密度无穷大，引力亦无穷大，而引力总是内敛的、互相吸引的，因此在引力的作用下，宇宙只会坍缩下去，而不会自我散开来。那么，是什么力量使宇宙炸开来，并且在炸开宇宙后还要使宇宙持续百亿年的高速膨胀？

我们人类知识发展到今天，所知道的除宇宙"大爆炸力"之外最大的力量就是核爆炸力，但核爆炸力也只是瞬间力量。太阳里面连续进行着巨大的热核聚变反应，其爆炸力已经大到了人类无法把握的程度，然而太阳却安然无恙，丝毫没有会被炸开的迹象。而且，宇宙大爆炸时我们能够看到把握的唯一的东西就是引力，宇宙的实物粒子内容已经被消除，因此核爆炸力也就无从说起。

当然，由于还有一个宇宙温度无限高的因素，那个热膨胀力是可以拿来说事的。由于宇宙大爆炸前的温度无限高，想来那时宇宙的热膨胀力也是无穷大的。但是，那无穷大的热膨胀力至多也只能与无穷大的引力互相平衡而已，若再考虑到热能转化为膨胀力时的能量损耗，热膨胀力将小于引力作用。因此，热膨胀力至多也只能导致宇宙不再继续坍缩，而导致宇宙大爆炸的力从哪儿来，我们依然找不到踪迹。

而且，热膨胀力也不是任意发挥作用的。根据热运动的一般原理，除燃烧外，只有当物体受挤压或被强制压缩时才会发热并产生相应的膨胀力。而当宇宙受引力作用坍缩时，因其是自我收缩，能否相应地发热并产生热膨胀力也是一个问题。即使能够发热产生膨胀力，也不至于使宇宙达到那种物理科学家无法把握的状态时再来一个大爆炸，而是在坍缩的过程中将会与宇宙自身引力达到平衡状态，不会来一次大爆炸啊！

我们还要考虑到任何物体都会在相应的高温下蒸发的原理。无穷大的温度将会产生无穷大的蒸发率。我们难道不能设想，在宇宙坍缩过程中因温度不断升高，宇宙物质被不断蒸发吗？当宇宙向着温度无穷大的方向变化时，它一路被蒸发，根本就不可能达到质量密度无穷大的状态，又何来的宇宙大爆炸呢？

最后，我们还要请宇宙大爆炸论者回答，那个大爆炸的宇宙与容纳其存身的空间场所是什么关系？在那些持宇宙大爆炸论的物理学家的观念中，可能容纳他们那个大爆炸的宇宙的空间场所是不重要的，在他们描绘宇宙大爆炸的情景时，空间场所不在他们思考问题的范围之内。也可以这样说，他们的空间概念就是星系之间的距离，星系坍缩到了一起，距离没有了，空间也就不存在了。然而请那些物理学家做个实验：把两个相隔甚远的庞然大物移拼到一起，看容纳该庞然大物的空间场所还在不在。事实上，把我们所知道的天体星系全部包容起来，仍然不能称之为宇宙，而只有把星系与容纳星系存身的空间统一观察、思考时，我们才是在思考宇宙问题。宇宙大爆炸论者的眼中只有星系、成团结构，没有空间场所和位置，讲的也就不是宇宙问题，而是天体、星系的产生与演化，他们却要以偏概全，妄称宇宙怎样怎样，已经离开科学家、物理学家应该具有的职业特点很远很远了。在他们身上，我们看到了充满激情的神学家的风采。

二、论时间不会倒流

时间倒流，回到过去，让历史在你的眼前再重新来一次，这种境界如果从神学家的口中说出来，我们把它当作宗教故事看待也就可以了。然而这种境界从科学家的嘴里讲出来，作为科学推理介绍给人们，你信还是不信？如果你不信，则别人要质疑你对科学的态度；如果你信，则到目前为止，还没有一个科学家能够把时间倒流、回到过去的实际情形证实给人们看。

哲学的回答是：时间不会倒流，我们不能回到过去。

时间倒流是什么呢？时间倒流就是人们可以回到过去的历史中去生活。按照《时间简史》的作者霍金的说法，在时间倒流的情形中，你可以回去杀死自己的令家族蒙羞的祖先，或回去把自己祖先的恋爱史修改得更美妙些。如果我们的想象更丰富浪漫的话，我们可以通过时光隧道回到盛唐时期去一睹杨贵妃的国色天香，到三国时期投身于天下纷争、群雄并起的争天夺地之中，还可以去经历盘古开天辟地时的惊心动魄的壮观场面。然而想象代替不了现实，时间倒流的想象从来也没有变成现实过，以后也不可能变成现实。

从神学的角度讲时间倒流，我们不想对之进行辩驳，而对于从科学的角度提出的时间倒流问题，则有必要进行认真的批驳。

按现代物理学的观点，时间的快慢由事物或物体的运动速度决定：运动速度越快，时间过得越慢；运动速度越慢，时间过得越快。如果事物或物体处于超过光速的运动速度环境中，时间就会倒流。然而，相对论认为没有超过光速的运动速度。因此，从运动速度的角度看，时间不会倒流。但是，《时间简史》的作者霍金认为：空间总是卷曲的，由于空间的卷曲也就是时空的卷曲，所以通过时空的卷曲，人们总是可以回到过去。

什么叫时空的卷曲呢？我们来看看霍金是怎样论述的：

"在哈勃发现了宇宙的膨胀后，就不再需要宇宙常数，而现在普遍认为它应为零。然而，之后从广义相对论又找到其他更合理的时空，它们允许旅行到过去。"

"如果你能运动得比光还快，则相对论意味着，你能向时间的过去运动，正如以下五行打油诗所描写的那样：有位年轻小姐名怀特，她能行走得比光还快。她以相对性的方式，在当天刚出发，却已在前晚到达。"

"要打破光壁垒存在的一些问题。"

"这样看来，快速空间旅行和往时间过去旅行似乎都不可行了。然而，还可能有办法。人们也许可以把时空卷曲起来，使得 A 和 B 之间有一近路。在 A 和 B 之间创造一个虫洞就是一个法子（注：虫洞又叫蛀洞）。顾名思义，虫洞就是一个时空细管，它能把两个几乎平坦的、相隔遥远的区域连接起来。"

"因此，虫洞正和其他可能的超光速旅行方式一样，允许人们往过去旅行。"

时间倒流或按霍金的讲法叫时间旅行，即从现在回到过去。如果充分发挥想象力，大概还有更多更奇妙的东西可以奉献给读者。然而有一点需要十分明确地告诉你，只要你承认时间旅行的可能性，你就首先必须认以前的历史事件和人物永远地在各自的时间段上存在着，而且将来的东西也既定地存在于将来的时间段上。当人类的科技达到发明时间机器的水平时，人们就可以任意在现在、过去、将来之间穿梭往来，超越生死，长生不老了。而且，时间具有了万能的性质，是时间赋予世界万物永世长存的生命。所谓人固有一死，只是现实世界中的瞬间现象，在时间实体的长河中，生命永远附着在特定的时间实体上而不会消失。然而，时间实体在哪儿呢？有没有作为世界万物承载者的时间实体呢？离开了具体事物的存在和变化发展，还有没有单独自存的时间实体？在此我们必须弄清时间到底是一种什么性质的东西。

传统的时间观念认为时间和空间一样，是宇宙万事万物运动发展变化的前提条件。宇宙万事万物必须在时间中展开，时间和空间一样，可以作为宇宙万事万物的外在因素或条件而存在。然而细细考察，我们就可以知道，时间只是一个派生的因素，只是宇宙万事万物所固有的一种属性。时间并不能作为一个实体而存在，我们也找不到一个纯粹的、什么内容也没有的时间实体。时间是什么？时间就是事物或物体的持续性或存续性，乃是事物或物体的持续性或存续性的量度。这就是时间的基本性质。这个基本性质表明，不是客观事物以时间为载体依附于时间，而是时间只是作为客观事物的一个基本属性而包含于客观事物之中，离开了客观事物的存在，时间量度也就到此为止，属于那个客观事物的时间也就随之消失。

我们来看一看时间表达所包含的实际内容，就可以知道时间表达乃是空间运动表达的变换形式。时间表达是通过特定空间的等距离分割实现的。到目前为止，人类所拥有的计时手段，无不以地球的自转和绕日公转为参照，任何一种极其精确的计时器无论是以旋转还是振动的形式来计时，其振动数和旋转速度无不与地球的自转和绕日公转保持着极其精确的比例关系。而且，所有的计时手段，无不是以某物体的空间位移来实现。因此，就宇宙本体而言，时空合一；就现实世界而言，空间是容纳客观而具体的事物或物体的场所，时间则是各个具体的、有限的、相对的客观事物的持续性或存续性表达。时间只具有依附于客观事物或物体的属性，是客观事物或物体的持续过程和发展变化过程的表达、量度。当客观事物或物体消失及发展变化过程消失时，属于该客观事物或物体的持续性、发展变化过程的表达和量度也就失去了意义，而属于该客观事物或物体的时间也将随之消失。因此，现实世界中的各种具体事物或物体就绝对不存在时间发生倒流的问题。既然时间是事物或物体发展变化过程的持续性或存续性的表达和量度，则只有当事物或物体发展变化的过程往回走，才有可能发生时间倒流的现象。然而，世界上没有任何一个事物或物体的发展变化过程会有往回走的可能性。

我们说，时间与人的生命历程和人类社会发展的历程的关系，是时间从属于、决定于、包含于后者。进一步而言，无论从客观世界的哪一种现象、事物或物体看，时间都不是决定性的因素，都只是一种附属性的东西，而不是本源性的东西。纯粹的、单独的时间实体是没有的，时间总是和事物或物体的存续、运动变化联系在一起的。对地球而言，运动距离、时间、速度是三位一体的。也正因为这三位一体的特点，地球的运动速度才能成为人类时间量度的一般标准。由地球的特点我们可以知道，无论地球按现在实际的旋转方向运动，还是反向运动，或者先正向运动一周，再反向运动一周，都不存在时间倒流的问题，因为地球先正向运动一周再反向运动一周，与地球连续旋转二周所运动的距离是一样的，在时间表达上都是两天，而不会一种是零、一种是两天的结果。

客观世界的任何事物和物体，只要具有运动和速度的属性和持续性、存续性的属性，就总可以用时间来量度。虽然这个时间量度对所有事物来讲是一个外在的标准，也就是以地球的运动特征为标准，但这个运动变化和存续性、持续性却是每一个客观事物或物体自身所固有的属性。这个固有的属性对于每一个事物或物体而言都是一样的，这是客观事物在时间量度上使用共同标准或尺度的前提。从这个角度看，时间也不存在倒流的可能性。

那么，根据相对论的原理，在物体运动速度超过光速的状态下，时间会倒流。这可能吗？我们的回答是：这也是不可能的。

我们先来看物质运动的极限问题。相对论认为物质运动速度的极限是光速，即每秒钟 30 万公里。准确的表述应该是：相对论认为，客观世界中凡有质量、有体积的物体，其运动速度最高不可能超过光速即每秒钟 30 万公里。如果物体的最高速度达到光速，对该物体而言，时间为零；如果该物体的运动速度超过光速，对该物体而言，时间就会倒流。但相对论认为除光电之外，没有任何物体的运动速度能够达到光速，所以时间不会倒流。但是，按照我们对时间的理解，即使物体的运动速度超过光速，时间也不会倒流；物体运动的速度达到光速，时间也不会为零。因为时间量度也就是地球的自转运动状况，当光线运动了 30 万公里之时，就是地球自转了 1/86 400 圈，这个时间数值离零还远着呢。如果有某种物体每秒钟的速度是 60 万公里，那它的时间数值是地球自转了 1/172 800圈，仍然没有出现时间倒流现象，甚至离时间数值为零仍然是遥不可及。

我们还要进一步指出，光电速度极限在宇宙中不能成为或不是所有运动速度的极限。它只是现代物理学范围内有质量、有体积物体的运动速度的极限。就宇宙本体而言，具有普遍意义的运动速度应该是无限的。我们的这个论断，不光是存在于我们还没有或者还无法认识的事物运动之中，而且在我们已认识掌握的范围之内的客观世界中也大量存在。一般而言，当事物处于由量变到质变的一刹那，其运动速度是无限的。有一个事实大概是得到物理学界公认的，就是引力效应的传递速度是无限的。而各种场效应的传递速度是否也是无限的，如电场效应，磁场效应，等等。我想宇宙空间的虚空性效应的传递速度也应该是无限的。还有，当一个生命产生和终结的时候，其速度特征也应该是无限的。

我们再来看最一般的机械位移运动，其中也蕴含着丰富的无限速度现象。例如，火箭启动和落地的一瞬间，其运动速度是无限的。以此类推，飞机、汽车、火车、等等，在它们的动静之间，总有一个速度处于无法计算的状态，那就是无限速度。而且，当物体处于相对静止状态时，同时也可以把它看作是相对的无限速度状态，所谓"不动即动""无动无不动"。

我们确信宇宙物质运动速度的最高极限是无限速度，在无限速度的状态下，属于任何一个客观事物或物体运动变化过程的时间为零。也就是说，处于无限速度运动状态下的事物或物体没有时间属性，不显示持续性或存续性的特征。或者说，无限速度的运动状态消融了事物或物体的运动变化过程的存续性特征。过程的存续性特征被消融了，时间也就被消融了。如果过程停顿了，时间也就停顿了。因此，事物或物体运动变化过程之间的间隔转换也意味着时间为零。

前面我们讲到，时间只具有相对的、具体的、有限的属性，它本身只是客观事物或物体的持续性或存续性的体现，是事物或物体运动变化过程的存续性的体现和量度。随着客观事物或物体的消失，属于它们的时间也将消失，因此时间不可能倒流。现在，我们还确信宇宙物质运动速度的极限是无限速度，在物体运动无限速度的状况下，时间为零。因此，从这个角度看，时间也不可能倒流。

现代物理学家关于时间倒流的观点将与宗教神学合流。

三、关于《时间简史》第九章"时间箭头"和第十章"虫洞和时间旅行"的质疑

霍金写的书叫《时间简史》，实际上讲的是宇宙从大爆炸到大挤压的演化过程。按照我对时间的理解，一个事物从产生到消失的存续过程和存续性量度就叫作时间。天体的时间量度单位，至少要用年来表示。众所周知，所谓一年，就是地球绕太阳公转一周。即使现在用了精确度极高的原子钟，仍然要以地球绕太阳公转一周作为一年时间的基准参照。这地球在一年中运行了多少公里和原子钟的振动次数有着极其精确的对应关系。世界万物都有其自身存续性的时间量度。在霍金等宇宙大爆炸论者的观念中，宇宙本体也有一个生灭过程，当然也有其自身的时间量度，在霍金看来就是所谓的虚时间，其实那应该是宇宙自身的实时间。然而，自然科学家尤其是物理学家总认为空间是有限的，而时间是无限的（即时间的无边界性），并且认为时间本身就是一个客观实在，宇宙事件由时间来承载并永远留在时间上，因此会有时间倒流、时光隧道、时间旅行等似是而非、荒诞不经的说法。

下面我们先来看一看霍金关于时间问题的论述：

"当人们试图统一引力和量子力学时，必须引入虚时间的概念。——如

果一个人能往北走，他就能转过头并朝南走；同样地，如果一个人能在虚时间里向前走，他应该能够转过来并往后走。这表明在虚时间里，往前走和往后走之间不可能有重要的差别。另一方面，当人们考察实时间时，正如众所周知的，在前进和后退方向存在非常巨大的差别。这过去和将来之间的差别从何而来？为何我们记住过去而不是将来？"

"无序度或熵随着时间增加是一个所谓的时间箭头的例子。时间箭头将过去和将来区别开来，使时间有了方向。至少有三种不同的时间箭头：第一个，是热力学时间箭头，即是在这个时间方向上无序度或熵增加；然后是心理学时间箭头，这就是我们感觉时间流逝的方向，在这个方向上我们可以记忆过去而不是未来；最后，是宇宙学时间箭头，在这个方向上宇宙在膨胀，而不是收缩。"

"总之，科学定律并不能区分前进和后退的时间方向。然而，至少存在有三个时间箭头将过去和将来区分开来。它们是热力学箭头，这就是无序度增加的时间方向；心理学箭头，即是在这个时间方向上，我们能记住过去而不是将来；还有宇宙学箭头，也即是宇宙膨胀而不是收缩的方向。我指出了心理学箭头本质上应和热力学箭头相同。宇宙的无边界假设预言了定义得很好的热力学时间箭头，因为宇宙必须从光滑的有序的状态开始。并且我们看到，热力学箭头和宇宙学箭头的一致，乃是由于智慧生命只能在膨胀相中存在。收缩相是不适合于它的存在的，因为那儿没有强的热力学时间箭头。"

"我试图在下面各章中再增加一些我们头脑中的有序度，解释人们如何将我描述过的部分理论结合在一起，形成一个完整的统一理论，这个理论将适用于宇宙中的任何东西。"

"1949 年库尔特·哥德尔发现了广义相对论允许的新的时空。这首次表明物理学定律的确允许人们在时间里旅行。哥德尔是一名数学家，他因证明了不完备性定理而名震天下。该定理是说，不可能证明所有真的陈述，哪怕你把自己限制去证明在像算术这么一目了然且枯燥的学科中所有真的陈述。这个定理也许是我们理解和预言宇宙能力的基本极限，然而迄今，它还未成为我们寻求完整统一理论的障碍。"

"哥德尔在和爱因斯坦于普林斯顿高级学术研究所度过他们晚年时通晓了广义相对论。他的时空具有一个古怪的性质：整个宇宙都在旋转。人们也许会问：它相对于何物而旋转？其答案是远处的物体绕着小陀螺或者陀螺仪的指向旋转。"

"这导致了一个附加的效应，一位航天员可以在他出发之前即回到地球。这个性质使爱因斯坦非常沮丧，他曾经以为广义相对论不允许时间旅行。然而，鉴于爱因斯坦对引力坍缩和不确定性原理的无端反对，这也许反而是一个令人鼓舞的迹象。因为我们可以证明，我们生存其中的宇宙是不旋转的，所以哥德尔找到的解并不对应于它。它还有一个非零的宇宙常数。宇宙常数是当爱因斯坦以为宇宙是不变时引进的。在哈勃发现了宇宙的膨胀后，就不再需要宇宙常数，而现在普遍认为它应为零。然而，之后从广义相对论又找到其他更合理的时空，它们允许旅行到过去……"

"关键在于相对论认为不存在让所有观察者同意的唯一的时间测量。相反地，每位观察者各有自己的时间测量。如果一枚火箭能以低于光的速度从事件 A（譬如 2010 年奥林匹克竞赛的 100 米决赛）至事件 B（譬如 α-半人马座议会第 100004 届会议的开幕式），那么根据所有观察者的时间，他们都同意事件 A 发生于事件 B 之先。然而假定飞船必须以超过光的速度才能把竞赛的消息送到议会，那么以不同速度运动的观察者关于事件 A 和事件 B 何为前何为后就众说纷纭了。按照一位相对于地球静止的观察者，议会开幕也许是在竞赛之后。这样，这位观察者会认为，如果他不理光速限制的话，该飞船能及时地从 A 赶到 B。然而，在 α-半人马座上以接近光速在离开地球方向飞行的观察者就会觉得事件 B，也就是议会开幕，先于事件 A，也就是百米决赛发生。相对论告诉我们，对于以不同速度运动的观察者，物理定律是完全相同的。"

"这样，如果超光速旅行是可能的，运动的观察者会说，就有可能从事件 B，也就是议会开幕式，赶到事件 A，也就是百米竞赛。如果他运动得更快一些，他甚至还来得及在赛事之前赶回，并在得知谁是赢家的情形下放下赌金。"

"要打破光速壁垒存在的一些问题。"

"这样看来，快速空间旅行和往时间过去旅行似乎都不可行了。然而，还可能有办法。人们也许可以把时空卷曲起来，使得 A 和 B 之间有一近路。在 A 和 B 之间创造一个虫洞就是一个法子。顾名思义，虫洞就是一个时空细管，它能把两个几乎平坦的、相隔遥远的区域连接起来。"

"虫洞两个端点之间在几乎平坦的背景里的分离和通过虫洞本身的距离之间没必要有什么关系。这样，人们可以想象，他可以创造或者找到一个从太阳系附近通到 α-半人马座的虫洞。虽然在通常的空间中地球和 α-半人马座相隔 20 万亿英里，而通过虫洞的距离却只有几百万英里。这样百米决赛的消息就能赶在议会开幕式前到达。然后一位往地球飞去的观察者也应该能找到另一个虫洞，使他从 α-半人马座议会开幕式在赛事之前回到地球。因此，虫洞正和其他可能的超光速旅行方式一样，允许人们往过去旅行。"

"这样，我们对以下两种观察现象都获得了实验的证据。第一，从日食时的光线弯折得知时空可以被卷曲。第二，从卡西米尔效应得知时空可被弯曲成允许时间旅行的样子。所以，人们希望随着科学技术的推进，我们最终能够造出时间机器。但是，如果这样的话，为什么从来没有一个来自未来的人回来告诉我们如何实现呢？鉴于我们现在处于初级发展阶段，也许有充分理由认为，让我们分享时间旅行的秘密是不智的。除非人类本性得到彻底改变，非常难以相信，某位从未来飘然而至的访客会贸然泄漏天机。当然，有些人宣称，观察到幽浮就是外星人或者来自未来的人们来访的证据（如果外星人在合理的时间内到达此地，他们则需要超光速旅行，这样两种可能性其实是等同的）。"

"这样，人们可以把这对粒子认为是在时空中沿着一个圆环运动的单独粒子。当这对粒子在时间中向前运动时（从它出现的事件出发到达它湮灭的事件），它被称为粒子。但是，当粒子在时间中往回运动时（从它湮灭的事件出发到达它出现的事件），可以说成反粒子在时间中向前运动。"

霍金在时空观念上是比较含混的，缺乏比较精确的界定。

霍金这本书的名字叫《时间简史》，顾名思义，时间问题应是该书的主题，但从对霍金关于时间和空间问题的论述来看，霍金作为自然科学理论家而言，对时间和空间的看法有很大的片面性，有的看法似乎很有点牵强附会的味道。我们先来分析他关于三个时间箭头的理论：

第一个时间箭头是热力学时间箭头。讲到时间箭头，那肯定说明时间是有方向性的。按照通常理解，时间总是由过去到现在再到将来，因此，时间箭头总是指向未来的，也可以说是指向过去的，看你从哪个方向看问题了。就具体的事物或事件而言，时间总具有从开始到终结的特征，用一个形象的比喻就是，我们向前方走着，时间往身后流去。以我的观点来讲，时间没有独立自存的客观实在性，它只是具体事物和事件的存续性特征，是事物和事件存续过程的持续性量度，时间只是依附于事物和事件而存在的。这儿先来看热力学时间箭头的不合理之处是什么。按霍金的提法，宇宙的热力学时间箭头与宇宙的有序度减少、无序度增加的趋势相一致。宇宙的无序度用熵来表示，也就是说，在宇宙从大爆炸到大挤压这个过程中，时间箭头由大爆炸时刻出发，指向大挤压，与之相对应的就是宇宙的熵增加。这个观点未必见得合理，即使按照纯粹物理学的观点看，也是有疑问的。因为霍金也认为物理学定律在宇宙的任何一个演化阶段都是在起作用的。换言之，宇宙的演化发展在任何时候都是有规律的，有规律就意味着有序化。按宇宙大爆炸理论，在宇宙大爆炸时，宇宙的质量密度无限大，体积为零，温度无限高，这如果算作有序化最高境界的话，那么，在宇宙经过一系列演化之后，当它达到大坍塌或大挤压时，就又回复到了有序化的最高境界。霍金讲宇宙处于收缩相时熵值仍然在增加，但他没有拿出论证。事实上，当宇宙处于大爆炸时刻，正是最纯粹、最单一的无差别状态。随着大爆炸后各种物体和事物的产生，宇宙就变得复杂甚至混乱起来，于是无序度增加，这是可以理解的。但是，随着宇宙收缩相的到来，无序度应该逐步减小。因为在收缩相中，宇宙中的物质繁杂性只会越来越小。当宇宙中所有星系重新坍缩到一起时，宇宙又回到了有序化的最高境界。这是一种符合事理的逻辑推演。因此，即使从宇宙有限无界的角度看，霍金的热力学时间箭头也是不准确的。

如果我们换一个角度看，则热力学时间箭头可以说是荒唐的。

秩序虽然是自然法则的一种体现，但主要地还是与人类的实践活动密切相关。对于宇宙本体来讲，无所谓有序与无序。我们既可以说宇宙是有序的，因为我们可以在宇宙中找到秩序和建立秩序；但我们也可以说宇宙不需要秩序，种种自然界的无序与混乱也是宇宙呈现的状态之一。宇宙本身就把有序与无序包容于一体。

事实上，宇宙有序与无序的差别必须通过人类才能体现出来。人类是宇宙有序化的最高结晶，人类社会在人类生物生命有序化的基础上又是更高的有序化境界。细细考察、思索宇宙中的万事万物，只有生命现象才是宇宙的有序化的根本特征，也只有生命现象才使宇宙的有序化具有实质性的意义。而主动追求有序化、建立有序化乃是人类才具有的能力。可以说，秩序只有在人类的实践活动中才能显示出它的本质特征，秩序总是与人类追求的目的紧密相连的。

如果是一个自然无机物，环境条件对它根本无所谓，它不存在生存问题，也不存在一定要保持何种状态的问题。比如一粒沙子，放在水中它可以沉于水底，落入火中可能在燃烧中变成别的什么，都无所谓。但是生命现象就不一样，植物需要养料、水分、阳光，植物本身的生长有一套非常严密的代谢循环过程，这就是自然秩序。动物的生存需要食物、水、栖息地，缺少了其中的一样，动物将无法生存。动植物的生存状况体现了自然界的秩序。人类的生存与发展则是超乎自然秩序之上的秩序，不利于或有害于人类生存发展的状态叫无序，有利于或有益于人类生存发展的状态叫有序；人类有能力控制局面的状态叫有序，人类没有能力控制局面的状态叫无序；符合人类目的性追求的状态叫有序，与人类目的性追求相悖的状态叫无序。因此，人类社会、人类社会的生存和发展就是宇宙有序化的最高境界。

从人类的产生和人类社会作为宇宙有序化的最高境界（在此不考虑地外文明的因素）来看，霍金的热力学时间箭头也是不符合历史事实的。因为按宇宙大爆炸理论的估算，宇宙的年龄已经有150亿至200亿年了，而人类产生的历史再怎么高估也不会有1亿年。如果按照霍金的热力学时间箭头，在宇宙大爆炸后的150亿至200亿年，怎么能产生如此高度有序化的人类和人类社会呢？

用有序与无序来表达热力学时间箭头，带有很大的随意性。首先，如前所述，宇宙无所谓有序与无序，宇宙本体自适、自足、自洽，既包容了有序，也包容了无序，还包容了你能想到的任何状况。其次，如果霍金认为宇宙受一组科学定律的规范和制约，而且科学定律在宇宙的任何状态中都是起作用的话，则宇宙总是有序的。最后，人类及人类社会是宇宙有序化的最高境界，但却是在宇宙大爆炸150亿至200亿年之后才产生，这至少说明150亿至200亿年之后的宇宙比大爆炸初期的宇宙更有序了。

　　我们再来看心理学时间箭头。一般而言，人们总是记住过去而不是记住将来。人们能够记住过去的事情这很自然。如果人类没有记住过去的能力，也就不会有人类的历史，也就不会有人类的智慧。在思维和理性的领域，记忆能力大概是人类必须具有的最基本的能力，离开了记忆能力，人类就不可能具有思维、语言乃至文化领域所具有的一切特征，人就只能处于动物状态。因此，人类能够记住过去是人之为人的必要条件。但是霍金却用人类不能记住将来作为时间的心理学箭头的基本特征。其实，人类虽然不能"记住"将来，但是人类却可以寄希望于将来、憧憬将来、追求将来，正因为将来可以因我们的努力奋斗、不懈追求而变得更加美好，所以将来总是对人们充满着诱惑力。故过去具有实然性，而将来则具有或然性。具有实然性的过去的东西可以成为人们的记忆，而具有或然性的东西则还没有发生，不可能成为记忆的对象。然而，霍金用了不能"记住将来"的提法，就表示在霍金那儿，将来也就是实然性的，将来已经存在在那儿，只等着我们乘着时间之舟到达就行了。在这里，我们似乎看到了宿命论的影子。这绝不是我在曲解霍金的观点。事实上，在时间旅行的思想中，过去、现在、将来永远是存在在那儿的，只要能够符合某种条件，人们就能回到过去。至于将来呢，只要你的寿命够长，你总能等到那一天。所谓心理学的时间箭头与宇宙本体无关，与宇宙中的物理学科学定律也无关，它只是人类心理特征的某一个方面，人类记住过去是为了追求更加美好的未来。对于人类而言，生命过程和人生轨迹的时间箭头更具有启发人的意义，所谓人生不能重新来一遍，所谓人生也不可能倒着过，等等。事实上，人类的生命过程的特征才是人类心理学时间箭头的决定因素，而不在于能不能记住具有或然性特征的"将来"。

　　至于宇宙学时间箭头，霍金只是告诉我们，智慧生命只能在宇宙的膨胀相中存在，因此，在智慧生命存在时期，宇宙学时间箭头必须与热力学时间箭头相一致。但是，按照宇宙大爆炸理论，那宇宙早晚要进入收缩相阶段啊！那时宇宙学时间箭头的状态将是如何呢？

我们真不大容易理解霍金提出时间箭头到底有什么意义。从后面的论述看，他是要为时间旅行作一个铺垫和说明。他对回到过去念念不忘。根据相对论揭示的宇宙定律，时间不会倒流，但相对论肯定时空的卷曲，于是允许人们总是能回到过去。这就是霍金所津津乐道的时间箭头的本意。

至此，我们必须把霍金关于时间、空间、时空的概念的含义和特征作一番说明，才能真正理解他关于虫洞和时间旅行的论述，并指出其荒谬性的本质。

时间对于霍金来讲不仅仅是事物和事件运动变化过程的持续性量度，时间是一个客观实在，是事物和事件运动变化的承载者和永恒的保存者，时间成为事物和事件运动变化的前提和依托，过去、现在、未来本来就存在于相应的时间之中。因此，人们在现在、过去和将来之间穿梭往来是有可能的。

空间对于霍金来讲意味着距离、运动轨迹、事物的形状结构，还有天体之间的受引力作用支配的远近距离，具有三维或多维的性质。然而，容纳天体、星系存身的空间场所则不在霍金的空间视野之内，也就是说，在物理学家的观念中没有空间场所的概念。

时空是霍金对时间和空间的混合运用，所指也最为宽泛，大而言之，时空可以代表宇宙，小而言之，时空可以指称一个粒子。它还可以指称星系结构，甚至有时候你想怎么理解就怎么理解。比如，时空是弯曲的，这指的是天体或光线运动的轨迹。时空可以卷曲，大概指天体之间的距离结构因卷曲而缩小，等等。在霍金的时空概念中，仍然没有空间场所的地位，没有空间容纳性这个基本特征的含义。

虫洞就是在星际旅行中抄近路、走捷径的意思。虫洞又译作蛀洞，可以理解为有一个圆的苹果，在苹果表面上从一边爬到另一边走的是圆弧形曲线，但在一边向另一边径直蛀一个洞而到达另一边，走的就是直线（这只是一个比喻，不考虑蛀洞所要花费的功夫）。因为相对论认为按常规的星际旅行，航天器只能走弧形曲线，这是在弓背上走。如果能够找到或创造一个虫洞，就能够在弓弦上走。弓弦要比弓背短很多，如果一张特别的弓，卷曲度大到180°以上，则弓弦就更短。如果你能够充分发挥想象，接连不断地找到或者创造虫洞，你可能只要站着不动就能到达按常规需要1亿年方能到达的地方。并且，按照霍金的时空卷曲的观点，只要把相距万亿公里的两个天体卷曲重合，就不要劳神费力地搞航天旅行了。比如地球到α-半人马座有20万亿英里，把地球与α-半人马座之间的距离看作一条直线或曲线，只要把这一条直线或曲线卷曲成一个圆环，使地球和α-半人马座这两端相接就行了。这个虫洞或时空卷曲、星系旋转等导致星际旅行得以实现的科学设想，虽说比天方夜谭更令人惊异，但这是非常专业化、学术化的猜测，我们门外汉只能听听而已。当然它可以激发起极大的想象，有创作才能的人可以去写作科幻小说，以痛快淋漓地穿梭往来于宇宙星际之间。

　　然而时间旅行却具有不同的性质。根据霍金的论述，时间旅行就是能够使人们回到过去，想回到何时就到何时，或者，是未来的人们降临现实世界，不论是多么遥远的未来人，都有可能来到我们面前。按照霍金的说法，一旦技术条件成熟，可以使人们实现时间旅行，我们就可以回到从前，去把父母双亲的恋爱经历修改得美妙浪漫一点，有的人甚至可以回到过去杀死令家族蒙羞的祖先。

　　这时间旅行之说如果出于一般人之口，很容易被人们当作神话或科幻之类的东西，但出自霍金这位大科学家之口，自不可等闲视之。

　　霍金认为，时间旅行必须具备两个条件中的一个，一是在物体运动速度超过光速的状态中，时间就会倒流，人们就可以回到过去，或者能够使结果产生在原因之先。比如在轮盘赌还没有开赌之前，输赢就已经摆在你的面前。这个输赢的结果不是预测出来的，而是实然性地存在着。霍金就是这么讲的。另一个条件就是时空的旋转和卷曲，使得人们总能进行时间旅行。也就是说，由于时空的旋转和卷曲，人们总能回到过去。或者运动速度超过光速，或者时空旋转和卷曲，人们都可以实现时间旅行。在此原理的基础上制造时间机器是可行的。对于这个观点，至少从科学原理上说，霍金是认可甚至相当欣赏的。然而我却是强烈反对并彻底否定关于时间旅行的任何一种可能性的。如果我马上要霍金先生进行一次时间旅行给人们看一看，那我是在有意刁难他，霍金先生也自可用技术条件不成熟来搪塞我，那就仍然是谁也说服不了谁。因此，我们还是必须从科学原理上来探讨问题，从而说明时间旅行的虚幻性。

时间旅行只有对于人类而言才有意义。时间的流逝意味着历史的形成，只有人类才有历史。对于动物而言，只有现在，没有过去和将来，它们凭本能生存，自然而然，所以动物不会产生回到过去的欲望，也不知道过去为何物。非生命物体就更谈不上回到过去，如果不与人类的实践活动搭上关系，也根本谈不上历史。在霍金关于时间旅行的论述中，也只讲了人的时间旅行问题，只讲了人回到过去如何如何，未来的人降临如何如何。因此，我们这儿也主要结合人类的生命历程来说明时间旅行的荒谬性。

所谓时间旅行，就是现在 60 岁的人可以回到自己 20 岁的青年时代，并且当你回到 20 岁的青年时代时，是作为过来人的身份回去的，想来你在回到过去时应具有双重人格。你到底是灵魂回到过去呢，还是灵肉合一回到过去？这很让人费思量。如果你是灵肉合一回到过去，那就会变成有两个你，这是不可能的，也不符合时间旅行的性质，时间旅行的本意应该是返老还童。这还只讲了事情的一半。当你要回去修改父母双亲的恋爱史或回去杀死某一个令家族蒙受耻辱的祖先，你还得回到前世去。

而关于一个人的前世或生死轮回问题，佛教故事里面讲得很多，现在出自物理科学家之口，是十分令人惊讶的。

按照霍金对时间旅行的描述，人类历史乃是一个铁定的宿命性质。人类的生命历史永久长存，未来也已经确凿无疑地存在在那儿，你只要乘上时间之舟，或者造出时间机器，想回到从前就可以回到从前，想赶到未来就可以赶到未来。回到从前呢，你可以把你的历史修改得特别完美；赶到未来呢，可以看看结局如何，从而好在现在做出更合理的选择。在人人都想发财的今天，只要超前几天去看看哪一只股票涨停板，就赶紧回来把所有东西全部变现之后买入该股票。或者只要每天赶到时间的前面去看一看自己手中的股票会否下跌，再接着据此买进卖出，那世界上的钱肯定要被第一个造出时间机器的人赚尽了。

然而，既然任何的人和事早已命定地存在在那儿，前世、今生、来世只是存在于不同的时间段上，即使是死去了几百、上千年的什么人，你只要返回到那个时间段，他就会仍然好好地活在那儿，让你这个时间旅行者、返回过去的人一睹他的风采，并可以和他交朋友。如果你再往下走，你还可以回去把他的历史修改得更美好一点。然而，人类的事或生命历程既然永恒地存在在那儿，你又怎么能够去修改某一个时间阶段上人和事的性质和状况呢？将来既然已经宿命地摆在那儿，我们现在的奋斗努力还能起什么作用呢？

时间旅行所导致的人类历史状况确实非常令人向往。谁不愿意自己的生命永世长存？谁又不憧憬那种任意出入过去未来的神仙境界呢？几千年来，人们做出了种种的尝试，枉送性命者有之，空耗巨额钱财者有之，变疯成傻者有之，惜丝毫未有所成。而作为大科学家的霍金告诉我们，通过时间旅行，我们走向过去和未来是可以实现的。但我总以为学问做到这一步，离现代巫师也就不远了。这可以看成是一张不需要兑现的远期空头支票：你现在还不能回到过去，是因为技术条件还没有成熟，请勿着急，你总会存在于这个时间段中。有一个已经存在着的过去的你，也有一个既定的将来的你。在将来得到时间机器之后，你就可以在现在、过去、将来之间任意往来、随心所欲。天上人间，无所求矣。

但是，我想问一句，既然有了确定的未来，量子力学的不确定性原理作何理解？按照本人的观点，物体或事物是具有确定性的，只是我们的认识能力还抓不住微观物质的确定性而已。但是霍金认定微观物质是不确定的，空间场是不确定的，那么，人的未来又怎么能是既定的呢？股票的涨跌又怎么能是既定的呢？轮盘赌的结果又怎么能是既定的呢？请大家好好地理解理解，什么叫记住未来。

对时间旅行的批判仅到此为止，因为还没有在科学原理上作出说明，还让人有公说公有理、婆说婆有理之感。下面，我们再来看看"时空可被弯曲成允许时间旅行的样子"。

事实上，谁也说不出时间被弯曲是什么样子，而所谓的时空弯曲只不过是光线被弯曲或天体的运行轨迹是椭圆形的，各种各样的物体外形轮廓线总是闭合的，总能首尾相通连。至于时间的弯曲，大概只能展现在霍金的想象中。而时间旅行是讲回到过去或者讲未来人降临在现实中，其实这两者是一回事，当然还有赶到时间的前面，在还没有下注的时候先去看一下轮盘赌的结果，再回来下注之类的内容。它必须是时间上的回溯或超越，而不是两个时空端点的相接或重合。如果霍金有能力把现在和过去两个时空端点通过卷曲而相接或重合，那也不是从现在退缩回到过去。现在并没有消失，而是在现在重新到达过去的时空，是现在时空对过去时空的探访，那不合时间旅行的本意。而且，我们这也是凭空想象有一个过去的时空，比如仙女座，有一个现在的时空，就是地球，而人类是在仙女座即过去的时空中产生，在时间的轨道上运动到了地球即现在的时空中。现在霍金有能力使仙女座与地球之间的时空弯曲到使地球上的人类重新回到仙女座。但这只是地球人对仙女座的造访，而并不是人类倒退到其产生时的状况。因此，时空弯曲不能使人们变回到过去。

　　然而，更令霍金沮丧的事实是，人类本来就产生在地球上，过去是，现在是，在非常遥远的将来仍然是生活在地球上，因此就没有通过时空卷曲来实现现在与过去的时空对接的必要。在空间上，人类的过去、现在、将来是重合的；在时间上，当然有不同的阶段，只是我们不知道这个时间轨道怎样来描述。离开了物体运动的空间轨迹，单剩下时间概念，人们无法理解霍金的时空弯曲或时空卷曲。对于生存和发展在地球上的人类而言，是不可能在时空卷曲中去体验时间旅行的快乐的。

　　时间旅行的不可能，还在于时间不是可以独立自存的实体，所谓的时间轨道乃是子虚乌有的臆造。霍金的错误以及大多数物理学家的错误在于把时间看成是物质运动的前提，看成是物质运动的承载者甚至保存者。这符合他们物理学家的本性，却也体现出了他们的庸常之见。